Michel L'Hellène [illegible]ulos.

montée de la Chapelle

13780 Cuges les Pins

Téléphone 04.42.73.87.50

ONIRIQUES DU MAL-ÊTRE

Le théâtre, aujourd'hui, est « la tragédie L'HOMME :
et son héros, le Ver Vainqueur. »

Au Poète du beau style, profondément humain,
à Vital HEURTEBIZE
je dédie ces ONIRIQUES DU MAL-ÊTRE.
M.L'H.

EPIGRAPHES

J'ai toujours mis dans mes écrits
toute ma vie et toute ma personne.
J'ignore ce que peuvent être
des problèmes purement intellectuels.

Nietzsche.

Je ne demande rien d'autre que parler simplement,
Que cette grâce me soit accordée.
Notre chant, nous l'avons surchargé de tant de musiques
Qu'il s'est englouti peu à peu
Et nous avons tellement enjolivé notre art
Que son visage s'est noyé dans les dorures.
Et il est temps de dire les quelques paroles
Que nous avons à dire : demain notre âme hisse la voile.

Séféris.

Michel L'HELLENE
de la Société des poètes français

ONIRIQUES DU MAL-ÊTRE

Illustration de couverture :
Huguette CASTEROPOULOS

ÉDITIONS NOUVELLE PLÉIADE
PARIS

AVANT-ŒUVRE

Certains disent : la poésie ne pense pas. C'est pour eux…

Ce n'est pas pour ceux qui confondent écriture et commerce, ni pour ceux que berce une poésie parfois frileuse, que ces oniriques du mal-être ont été écrits. Ils l'ont été pour ceux qui, effarés de la prééminence d'un matérialisme débridé, savent que l'amenuisement de l'âme (…l'âme, fonction fine du cerveau…) et de la conscience mène au dépérissement de l'être.

L'homme a besoin de rêver… sinon il meurt… le rêve étant utile… « le rêve des hommes faisant évènement ».

Les solitudes côte à côte, le chacun pour soi, la perte d'identité, la course à l'argent, la marchandisation intégrale de la vie, préludent-ils à une barbarie planétaire ?... Que sommes-nous, où allons-nous, quelle vie ?... Où sont les échafaudages, les balcons ?...
Quelle propreté entoure encore l'honneur de l'homme ?...

Un monde digne de l'homme peut-il être pris dans le seul ordre de la production et de la consommation ?... l'homme y devenant sujet consommant ! marchandise !...

Je laisse aux âmes sensibles à l'abondance des biens matériels l'innocence réductrice de la soumission… ce monde perdant de vue le sens élémentaire de la vie, de la beauté…

J'ai lu, il y a peu, dans une publication, ces phrases dont je n'ai pas retenu le nom des auteurs - qu'ils me pardonnent !
Elles m'ont laissé rêveur…
« L'humanité emploie sans compter tous les individus comme combustible pour chauffer ses grandes machines. »
« Les ordinateurs n'ont pas d'accès direct à l'énergie. Ils ont besoin de nous pour la capter. Nous sommes devenus de simples maillons dans la chaîne alimentaire des machines. Leur cheptel. »
Soudain … le poids d'une image brouillée de l'humanité a accablé ma vitalité, un malaise a obscurci mon entendement ; et je n'ai eu qu'une réaction de fuite : dormir…

Dans l'univers, de la matière à la matière, tout n'est-il pas sensible ?... Une interrogation, paradoxale pour ceux qui déifient le progrès : un monde presque exclusivement dominé par l'avancée de la science, de la technique, de la mécanique ou de l'électronique – si l'on perd de vue les fondements psychiques de l'homme – ne risque-t-il pas de conduire lentement à une dégradation mentale qui serait un grave recul de l'espèce ?... Une réflexion : la physique peut-elle se passer de la métaphysique, ne sont-elles pas, fondamentalement, un ensemble cohérent ?... Depuis la nuit des temps… l'homme est-il fait de variants que mobilise le progrès de la connaissance…- et d'invariants, que seraient intangiblement ses fondements psychiques ancestraux ?...

L'homme créateur, inventeur des instruments démentiels du nucléaire, ne devrait-il pas prendre, toujours, l'avantage sur ce qu'il crée ?... Quand ces instruments démentiels menacent la vie d'une catastrophe sans précédent !... la poésie – comme tout art… - peut-elle se contenter, seulement, de « poétiser » ?

Ne doit-elle pas traduire les angoisses que génère ce monde ! – Demain, la pensée machine fera-t-elle du futur un cauchemar ?... – le glas ou l'espoir ?...

Je dis : la science, désormais, devrait s'interdire de découvrir ce que la nature, manipulée, révèle de destruction. Le futur, probablement, me donnera raison…

Ne pas se suffire de « faire » de l'écriture, de « fabriquer » de la phrase, de faire et de fabriquer du « n'importe quoi »… L'œil mental du poète doit s'ouvrir visionnaire sérieusement d'un avenir, se saisir du mouvement et de l'insurrection de la réalité, - de l'émotion ! Il faut parler à la sensibilité profonde de tout l'être de l'homme… parler simple… d'où parfois un langage, un style, un ton.
- La créativité n'a pas besoin du dérèglement de tous les sens.
- L'art. S'il est artifice d'expression. Est inutile. N'est que jeu.

C'est maintenant que doivent s'élever tous les chants de l'œil amoureux.

Je ne suis pas attristé qu'un professeur de lettres ayant lu quelques feuillets de mon œuvre m'ait écrit ceci :

« De tels poèmes, si sombres, si noirs, sont criminogènes d'autant que le style est élaboré, pouvant conduire des personnes fragiles psychiquement, dépressives, à la tentation du suicide. Vous jouissez d'habiter les limbes, les tunnels, les caveaux, la nuit la plus noire que vous puissiez imaginer. Vos poèmes sont une perversion mentale mortifère. »

Je n'ai pas une oreille suffisamment fine pour entendre le vent dans les arbres, le chant des oiseaux, celui des cigales. Je n'ai pas un œil si exercé pour décrire une mer bleue, un ciel bleu, un nuage blanc… Mes poèmes disent mon angoisse – et peut-être la vôtre…- à la vue du spectacle de vulgarité que donne, parfois, ce monde. Tant d'égoïsmes défilent ensemble – solitudes côte à côte – chacun pour soi – croyant défiler pour la liberté.

L'idée de la mort de Dieu désespère l'homme… désormais sans lui dans l'univers, - et ce « sans lui » est terrible…
- Quelle autre spiritualité le confortera ?...

Le drame majeur de ce monde, c'est la régression des constituants moraux de l'homme… - Si l'éthique n'est pas restaurée, l'humanité finira, dérisoirement… démissionnairement… par s'entre-tuer.

Je ne sais pas vivre dans le rétrécissement, le dessèchement. Lorsque je vous vois… hommes durcis par les taux d'intérêts, il me vient une mélancolie de mots… : vous abaissez vos paupières, semblant rêver à votre mer houleuse – bruit redoutable des vagues qui se referment sur ceux d'entre vous qui tombent dans cette mer, - redoutable !... Et vous sommeillez… dans le naufrage de vos globes d'aveugles… - avec les mouches d'une débâcle mentale !...

Aucune haine des bien-pensants, aucune complaisance, aucun renoncement, ne me feront rentrer dans le rang… Le spectre d'un effondrement de la civilisation hante l'homme désormais en crise, désemparé… Une œuvre sombre comme ces Oniriques du mal-être appelle à la conquête de l'espoir…

Ces poèmes sont un chant… une rébellion…Quelqu'un l'entendra-t-il ?

M. L'H.

AU LECTEUR

Ici commencent les poèmes des malaises d'une âme,
Ils parlent des chaînes emprisonnant les langues de métal,
Des éponges essuyant la lumière autour des yeux
Et des paupières, insupportables de cécité.
Les yeux, maintenant, regardent du côté de l'ombre.
Du langage des fleurs, nous ne savons plus rien !
- A présent, sujets d'un temps mécanique salarié,
De l'œil vert du progrès, du halo doré du bonheur,
Nous sommes rossignols sans voix d'un temps de misère mentale
Dans des ténèbres nouvelles.
-Le poète, une révolte…
- Lecteur, vois-tu ? – *Le Rien sommeille dans le Vide.*

Dans ce monde, l'homme devient *lui-même marchandise.*
C'est un monde sans amour qu'on nous propose là.

Quand l'amour s'absente, qu'est-ce qui ronge l'âme ?
Et si c'était le néant ?... *et si c'était le néant !...*

- Attention, lecteur : IL FAIT SOMBRE DANS MES POEMES.

PREAMBULE

Je suis l'IGNORANT.
J'effeuille mes spectres, mes chimères.
Je souffle sur des flammes, des ombres, des blessures.
Je compte les noirceurs.
Mon île est une lune, une drôle !
Qui luit dans la veuverie au crêpe noir de la conscience,
Je descends dans sa catacombe où, sur un coussin noir,
Elle me donne son sein à boire.
Au loin d'une alcôve …
Des argentements crachent des rêves qui ont des ailes,
Où aller ?... où sont les échafaudages, les balcons ?
Quand la nuit est sans amour, qu'est-ce qui ronge l'âme ?
Alerte ! les encres noires, les mélancolies du ciel !
Un paysage d'ossements…
Et c'est le bord d'un précipice,
En bas, il y a des chiens dans l'enceinte d'un cimetière
Assis sur des tombes, à chacun la sienne, qui s'aboient,
Au-dessous les Morts se cachent derrière la Peur, rentrent
Dans leurs coquilles, - *le Rien se regarde dans le vide.* –
Néant sourd, néant muet, à l'algèbre de labyrinthe,
Le temps… une longue obscurité léchant sa plaie,
Un songe sombre ondulant sur le long fleuve de la patience.
Lecteur, vois-tu ?
- Je l'ai déjà dit : je suis l'IGNORANT.

Un vol d'œils …, météores,
visages
          sans sourire !
c'est la fatigue des lampes,
on nous a voilé les yeux,
nos paupières désaltèrent un sol d'ossements ;
portes et fenêtres battantes…

Oiseau sans nid, l'Ame
voltige dans son sang,
se déchire comme sanglote
l'archet d'un violon,
- ouvrez portes et fenêtres !

UN CIEL BONHEUR ?...

Sous un ciel jaune noir, le Grand Œil, soliste à la voile,
Son cheval blanc galopant dans une alcôve de la nuit…
O, l'hymne du ciel… les voix de velours brunes…
Une musique très drôle de foulards au cou des étoiles,
Un long parlé flûté, plaintif comme un outil de précision,
Un ciel bonheur,
                                        - les chiens nyctalopes, leurs yeux violets,
Alerte !... les chiens cannibales viennent nous mordre !
Les masques en plastique se protègent d'une aurore borgne,
Viennent les lézards verts boire la nuit sur les pierres,
Viennent les nuages d'argent s'assombrir sur les pierres…

Dans un tunnel gît l'Agonie, - la langue lèche
La dalle brisée de ce monde, lissant un désert de statues…
C'est l'agonie des racines sans sommeil, des herbes !...
Les squelettes dissous arrondissent leurs rétrécissements,
Ils ont un rayon dans la voix, un gant lunaire à la langue,
Une danse de parapluies,
                                        - ils sonnent du cri des statues…

Obsessions

Un temps en fuite vers le mou, une solitude liquide
comme le museau d'un chat regardant une mer plate,
sur cette mer, un violon surmonté d'une bougie,
à l'escalade, les chats rameurs cadencent un ciel,
avancez, dit la bougie, souriez,
la clé de la nuit les enferme avec les disparus.

Une marée montante des Creux fait sa jonction
avec une marée qui se retire, l'Homme…
avec des gants de laine qui meulent l'arrondi du noir,
malaise et grandeur d'être, dans l'univers, un océan…
On dit : « ON, sortez, il faut sortir »,
mais pour aller où ? il fait mauvais temps,
dans quel sens orienter les corbeaux ?
vers quelle nébuleuse, sous quelle voûte
lover les trous noirs ?

L'ENNUI

A Constantin Castéropoulos.

L'ennui, cette dent pendue à l'échafaudage d'un arc-en-ciel,
A la tombée du noir d'une échelle, bougie bizarre,
Moi,
    Je suis la voix d'un homme seul dans son miroir,
J'écoute les sanglots dans le gouffre du temps,
Je me recompte les douze coups d'un cyclone noir,
Les longs sommeils sans rêves dans les ténèbres,
Là-bas, il y a un phare, ses lumières abaissent le ciel,
Levant l'œil, j'écaille parfois les nœuds des nuages
Et les sommets enneigés des montagnes de Soror,
- Et ma tête se love dans le ventre de la nuit.

Quand la nuit est sans amour, qu'est-ce qui ronge l'âme ?
- Et ma tête se love dans le ventre de la nuit :
La Mort en sueur évacue des squelettes sur une civière.

Et quand j'ai fini de cligner vers ces ossements du ciel,
Je m'assieds solitaire sur un désordre mental : l'Ennui,
L'Ennui qui fait le singe dans les yeux des cendres.

DERELICTION

Ténèbres et barreaux…, le Rien, et le Vide, derrière,
Aux lèvres des désharmonies, le rire d'un sang jaune,
Un chœur… qui résonne au plus profond d'un abîme
De squelettes agenouillés dans leurs cercueils
Et qui lèvent l'ossement d'un doigt vers une Lueur,
- Interminable Eternité ! –
                                        un chœur d'aveugles,
Avec des gants de laine qui meulent l'arrondi du noir.

(On a fixé dans les oreilles la musique des étoiles.)

Montez, morts, capitaines de vos cercueils à la dérive,
Une mer soulevée d'alcôves, éboulements et basculements,
Eblouissez-vous des braises d'un nuage rougeoyant,
Vos Songes Noirs feront bouillir l'or bleu du ciel.
Sur un échafaudage de fumées, les corbeaux, les corbeaux !
Les corbeaux laboureurs…, des retournées de cadavres,
Des kilomètres de nuit, - mais où trouver un refuge ?

L'HEURE BIZARRE

Je t'aime Sorcière, c'est l'heure bizarre de ton halo,
Remuement blanc d'un sein dans une valse d'ève,
Dans une valse d'ève, remuement blanc d'un sein
L'âme… tu la fais d'or lorsque ton fantôme la frôle,
Apparais, que j'aille rêver à la source d'inspiration
Dans le non-mensonge des songes, vrais créateurs
Avec les reflets d'un feu, chevelures dans la nuit.
- Et ton œil d'aquarium, Sorcière, est ma stupeur.

Nuit, et éclair comme amande, un visage mécanique,
Un Homme-Machine…, dépouillé des punaises, nu,
Les nouveau-nés déjà mangent de baisers l'Idole.
Et puis le coryphée, la complainte des Sommeils Noirs
Où les langues se font cuisses dans les gencives.

Un visage mécanique… faiblement éclairé d'étoiles,
Gouttes de sang
                                        Dans l'œil veuf, une rose rossignol,
Il regarde les lointains comme on regarde un tombeau,
La nuit, de tous côtés, élève un sombre monument, -
En voyage au désert, parle-t-il aux éponges du sang ?

Dans sa closerie, le Noir d'Encre rêve…, la tête
Contre un mur, une grille laisse passer les pieds.
Au cercueil, le visage s'observe dans un miroir,
Un chien monte la momie sans jambes ! mouvement, rires.
- La Sorcière bat les cartes avec un jeu d'ossements.

L'AGE DES TENEBRES

Un tunnel… et dans l'obscur une planète d'agonies…
Ombres d'infirmes nageant vers des Vagues d'Argent,
Leurs pieds lourds dans un marécage de l'outre-terre,
Attention, ils sont les acrobates d'un âge d'or…
Les mains autour d'un pain jaune, un rose soleil…
Un caillot des ténèbres se balance dans leurs yeux :
L'Humiliation, l'Ambition tête d'or, une infortune.

La nuit, un lac aux lèvres bleues, les crapauds luisent,
Les racines d'un saule pénètrent dans un crâne,
La Mort sonne, les ossements se lèvent au garde-à-vous,
Une procession de draps blancs, d'éclairages d'enfance,
- *L'âge d'or ! le Noir d'Encre se borde de seringues.*

MELANCOLIE DES MORTS

Néant sourd, néant muet, à l'algèbre de labyrinthe,
Le temps, ondulant sur le long fleuve de la patience,
Un songe sombre… une longue obscurité léchant sa plaie
A la tombée du noir dans le vide, - les corps de plomb,
Les morts !... qui dialoguent avec d'autres morts,
Ils frappent désespérément aux voûtes pour faire surface,
Ils appellent du fond de l'abîme à voix basses lointaines,
Jamais plus ils ne se verront.
                                        Sous la pelle des Ombres,
Ils ont creusé la terre, mangé leur chair, bu leur sang,
Et leur squelette ressemble à celui d'un aveugle mort
Qui chercherait encore avec sa canne dans la tombe
Je ne sais quelle échelle, je ne sais quelle aurore.

Ils frappent désespérément aux voûtes pour faire surface.
- Ne les donnez pas,
                    ne les donnez pas aux chiens.

…Dans quel songe ai-je chu ?
                                        - L'azur, la barque d'or !...

APPEL D'AIR

à Annie Le Brun

- La nuit… - telle un Entonnoir au Regard Noir !
- Telle un Entonnoir au Regard Noir… - la nuit,
Ma rose mentale, on m'a enfermé seul dans son caisson,
Les tessons de lumière coupent les cordes de mon violon,
Son ciel n'éloignera plus sa chevelure de corbeaux,
Ils descendent vers une citerne, devenue crépuscule,
Vers celui qui s'y noya, réduit à l'état de squelette.

Et puis une mer de bulles, de dalles qui se soulèvent,
En bas, la lumière d'un phare se déchire dans l'eau,
Des barques d'Ombres errent, longs cercueils flottants,
L'âme… dans le miroir d'une autre âme : conscience,
Les Chants Noirs… les Riens d'amour des déshérités,
Leurs mains sous une roue de cendres, un ciel à l'envers…

N'avancez pas, vous savez bien pourquoi, n'avancez pas.

MELANCHOLIA

Quand l'Ombre étend son ventre noir dans le cerveau,
Quand la main de l'Ombre creuse un entonnoir à l'horizon,
Un trou bâtisseur de géométries défaisant les sens,
Quand l'homme à l'œil vide couvre d'un voile son regard
Pour ne pas tomber, ne pas perdre
de vue les étoiles,
- D'une fenêtre d'or sur l'infini… nuit errante !...
Ombres d'infirmes nageant vers des vagues d'argent,
Du sang de l'Ame, bûchers rougeoyant les lointains,
Les ornières, les cercueils renversés…
- et puis…
Quand nos cerveaux seront noyés sous des drapeaux,
S'illumineront dans l'espace de vastes magasins
Où des marchands vendront nos crânes avec leurs langues
Telles des nez roses qui taperont sur des tambours.
- O, les exils, entonnoirs dans le ciel, voiliers !

Rumeur… des visages qu'on épluche dans une fosse,
« Les morts ne connaissent que le langage des fleurs,
Ils voyagent et se taisent, endurent et se taisent
Chez le peuple des songes, chez le peuple des songes. » 1

Horloge, compagne cruelle, sœur blême de l'Eternité
Chez le peuple des songes, chez le peuple des songes…
A la voûte, l'œil d'un forage ovule pour une Ombre
Et le citron de lune qu'Elle mange dans une main.
Plus personne n'apparaît… aux angles des cristaux.
Aux angles des cristaux,
plus personne n'apparaît,
L'âme s'effile dans une fixité mentale de mannequin,
Le ciel se rose d'ongles… de canifs dans la chair,
Et l'Angoisse, en déchets, se jette d'une échelle.

Il y a dans l'obscurité comme un mouvement de nœuds,
Des cordes tombent sur chaque tombe de ce cimetière.

1. Séféris.

Une lueur de lune molle, un œil
qui chute dans une écluse d'air,
l'œil de l'homoncule ne pèse
ni lourd, ni rien, ni vide,
le corps se donne à la fatigue,
au beurre sans âme d'un nuage,
- les ciels noirs oscillent,
des vertiges dans leurs oreilles,
- on nivelle les rayons de l'argent,
ils se laissent boire à ras de terre,
- dans quelle ornière s'enfonceront
les genoux ?
c'est le départ, le voyage,
l'enlisement, - il faut s'oublier,
quelle infortune entonnera l'alléluia ?

GRAFFITI

Siècle à chiffres, l'âme, chœur de neige à vau-l'eau.

MELANCHOLIA

Un Sanglier rouge erre dans la nuit,
Il s'arrête devant un ver luisant
Et le fixe avec ses yeux d'ébène,
Parlent-ils ? que se parlent-ils ?
HELAM, *quand tu bois, tu ne parles pas,*
Quel chagrin t'empêche de parler ? 1

La chienne du silence est sans voix
Et, pendant que l'Aujourd'hui
Sur l'Autrefois sonne le glas,
Le Poète lève au ciel un œil de punaise,
Il ne voit rien que l'Aujourd'hui
Qui sur l'Autrefois sonne le glas.

O l'exil, entonnoir dans le ciel,
- Mais pas le moindre regard ! -

1. Réminiscence d'un rébétiko grec.

ANGOISSE

Un corps, avec les lèvres d'un sphinx…, les mouches !
Dieu, je ne crois pas en lui, - et l'angoisse me hante,
D'ici, je vois mon squelette branches cassées, ailes
D'épouvantail battant le silence, rongé dans sa tombe.
Où est la corde pour le pendre ? De l'air s'il vous plaît.

On se tue à regarder passer le temps, et pendant ce temps
Au-dessus de nous, une étoile filante, flamme
et flèche,
Se précipite dans un gouffre, et la nuit est si froide.
Les plaies d'une marche funèbre nagent dans nos yeux
Qui font signe avant le naufrage, et comme écrivit l'Autre
« La mer dont j'entends le bruit est une mer qui ne rend
Jamais ses noyés. » - D'où viens-je ? – Où vais-je ?
- Je ne m'habitue pas à verser du rien dans du vide.

A verser du rien dans du vide, je ne m'habitue pas.

LE NEANT

Le néant,
                j'ai grande peur des limaces, les scatophiles,
De la nuit peuplant de crânes les rectangles des caveaux,
Les conciliabules ménageant les fentes vers la surface,
Du rien et du vide remplissant les fondrières du temps,
Du ciel goitreux berçant les bouches des mourants,
Les agonies, blanches d'oeils, voix clouées aux poutres,
Les golfes d'odeurs des nausées,
                                        une houle d'entonnoirs !
Des pattes des chats, quand leurs fantômes nocturnes
Marquent sur un matelas de terre un chemin de sécateur.

J'ai grande peur des limaces !...
                                        des dalles silencieuses,
Des luisances de leurs miroirs sur les corps orphelins,
Des ossements, des bruits cassants de leurs dessèchements,
Des couleuvres qui viennent la nuit boire aux bouches bées,
Des égouts des rues,
                        de l'oubli de la mémoire, de l'exil...

- Dieu du néant, dans mon oreille... ai-je ton pied bot ?

UN SQUELETTE BOITEUX

Ce spectre, en robe noire, portée comme un deuil
Qu'un œil hébété dessine, est un squelette boiteux,
Il va clopin-clopant comme ivre dans une nuit lugubre,
On dirait la danse macabre d'un Cauchemar claudicant,
Il pousse le landau tremblant d'un squelette d'enfant
Et tous deux, - étaient-ils une mère et sa fille ? -
Orphelins de la vie, vagabonds effrayants, déhanchés,
Décharnés, que les vers ont poussé hors de la sépulture,
S'en vont dans le néant, ce puits sans fond ! porter
Leur amour à l'Oubli, - qui les flaire, et les ronge !

LA CHAMBRE

Que pèsent les morts ? Quand ils s'inquiètent de notre absence,
Quelques gouttes de noir…, puisque les aveugles dorment
Dans les sillons de la lumière… rêves bleus immobiles
Enchevêtrés aux ronces, effleurant des oiseaux pétrifiés.

Le siècle menteur creuse des bulles dans les regards.
L'âme blessée de néant couvre d'angoisse son ombre.

O ce visage, sa rougeur, d'un mort jaune dans la terre
Sous une lampe qui mord son ombre dans le cercueil,
Sait-il que le monde tourne sur une béquille, *le sait-on* ?
Dans la terre, son front blanc,
                                        sa prunelle de pétrole
Qui observe les longues dents du marbre d'une statue,
D'une statue, - la statue ! qui trône sur son caveau…

AUTRE DERELICTION

Fleur d'un violon, et chœur sombre de la lumière,
Chœur sombre de la lumière, et fleur d'un violon,
Où l'Oreille du mal-être n'entend plus que la Goutte de sang
Les chiffons noirs deviennent un carrelage des nuages,
Des acrobates font la planche au fond de l'univers.
- Les oléandres rêvent rose une mémoire endolorie.

Comme le sable d'un désert
Nous sommes devenus secs,
Quand un miroir nous obscurcit
Nous abaissons les paupières.

Un soleil comédien monte au couchant sur l'échafaud,
C'est le génie-panique, la fleur sauvage de l'ébène,
Etoile rêveuse gisant dans un souterrain de l'ébène,
En son baiser mortel une Main amoureuse s'ensevelit
Et les Erinyes observent sa chair avec délectation,
Les gouffres luisent, colonnes closes de papillons,
L'air y est bleu noir, du bleu noir de nos ossements…
C'est le temps du malheur, à charité de son regard blanc.

SENTINELLE

à Annie Nortier.

Le gouffre ! Je m'y couperai les ongles dans l'œil,
L'œil en pleurs bave aux balcons d'un ciel noir,
Je me vois dans son alcôve, sans clair d'étoiles,
Une couverture recouvrant le sol de l'angoisse,
Les morts pressentent que la colombe est une étincelle aux ailes de beurre.
Un cuivre vole dans le ciel…, dans le ciel…, un cuivre…
C'est une momie, avec une main rouge dans un sac noir.
C'est une momie… sentinelle au bord d'un trou :
Le temps, mal de vie, - la glace nouvelle !

Et les chenilles de la lumière grimpent au couchant.
L'ordre d'une comète, dans l'univers infini, le connaît –on ?

Le galop d'un crâne déchausse les tuiles de mon toit,
Le Grand Charbon Blanc éclaire une chambre d'infirme
Parce qu'une cloche pend sous le testicule de la lune,
Parce que le glas sonne sous le testicule de la lune.

L'AME

L'Ame, son regard fixé sur une vision obscure, l'Ame
Telle un abîme…, la voix blanche lentement déchirée
De son visage, les oiseaux des rêves comme vertiges
Sur son front,
                    - le plus loin des lointains la hante,
L'Immensité est le miracle et l'or dans son miroir,
Dans son miroir…, l'Immensité, *« cavalière d'invasion,*
Elle monte le temps courant d'un galop de jument longue. »
Vers quelle étendue se dirige son étoile rêveuse ?
Un ciel-malheur ! une rose-rossignol tachée de sang.

Ce siècle, tu le vois clignotant en ses appels de phare,
Alors déchaîne toi, sois géante, sois folie, lève
Ton spectre shakespearien dans la béance d'un œil,
Sois beauté, sois belle, et bois les vins d'une danse.

L'ANNONCE

Le regard d'une Ombre penchée sur une ombre, un Corbeau
Décousant les ombres que font les couleurs d'un plafond,
Un détalement d'ailes métalliques, les chiens noirs
Effaçant sur la terre blême les lumières d'un jour…

Une catacombe mentale… les éboulements, les basculements,
Les calculs, et les erreurs, et la faim et la soif,
Et puis ces cris !... ces cris lamentables, d'un crâne
Posé là, - rocher d'un cimetière, - comme une borne,
Son front tournant en rond sur un tranchant de lumière,
L'annonce faite à l'Angoisse par le Temps qui court :
A l'encan les corps sans âme, vieillissement du monde.

Et les crapauds de partout qui couvrent les sommeils !

« Je me dis parfois
que tout ce que j'écris ici
n'est rien d'autre que ces dessins
que se font tatouer sur la peau
les prisonniers ou les marins » 1

GRAFFITI

Ayant mal à l'être, les mots, je les mets à la forge.

Et meurent les talents qui pommadent la langue !

1. Séféris.

LES AGENOUILLEMENTS

La mer, un chœur de fantômes, la mer musicienne…
D'herbes blanches les mouches fleurissent les vagues…
Au balcon d'abîme, le regard à genoux d'un vieillard,
Et le vent, et une voile dans le golfe de son œil,
Et les grands chiens mélancoliques, lunatiques…

- Je ne sais pas ce qui me parle dans mes poèmes.

Sous le couvercle d'un cercueil, un Querellant, un Corbeau
Qui becquette la rouille
                                        d'un clou creusant un ciel,
Et une voix ! du mort d'hier, si faible, qu'on entend,
Sous des ronces, son bec malaxant les testicules.
- Je ne sais pas ce qui me parle dans mes poèmes.
O, là-haut, la terre que piétinent des aboiements.
O monde !... les Agenouillements salivent leurs sexes.

LA MORT MANGE

Ce borgne, un bûcher dans l'œil, ossements en feu
Qui grimpent, boiteux, à un mât…
                                                            et c'est la mer !
Ses vagues se confondant à l'horizon avec des nuages,
Un amoncellement de cavernes, leurs lèvres ouvertes,
Et c'est la mer… si obscurément bleue blanche,
Ses vagues… si lourdes de détresse, suppliantes,
Courant le temps du néant *d'un galop de juments longues.*

Par-dessus bord, une Ombre… la Mort mange…
Un vin musicien parsème de dents un arc-en-ciel,
C'est le triomphe des murs, les voix clouées aux poutres,
Un panorama sans oiseaux, - l'Amour au loin blessé,
Le Grand Charbon Blanc éclaire une chambre d'infirme,
Il y a des aboiements qui arrivent des hauts du ciel.

- O, donne de l'âme à ton âme, ouvre la lumière !

(*Du langage des fleurs*, nous ne savons plus rien !)

ABSENCE

La voix humaine, un miroir d'eau, - s'y désaltérer,
Où l'œil du mal-être ne voit plus que la Goutte de Sang,
- et nulle part où avancer !
Les chiffons noirs deviennent un carrelage des nuages,
Des acrobates font la planche au fond de l'univers.

Nous ne voyons pas où nous allons, pourquoi nous allons.

L'océan, l'océan ! berceau d'un ciel de nuit…
et ronde
De la lune,
panorama sur le métal liquide de la Douleur,
Les compagnons sont partis au loin bercer la Blessure,
Ils se sont enfoncés dans la nuit, perdus de solitude,
Masques ! leurs Ombres heurtent du front une falaise,
Dessinent un oiseau sur ce qui reste d'un visage,
Paupières bleues… comme les vagues sur l'océan…

Ame blessée de silence, et qui navigue, sans compagnons.

Minuit… les violons, les violons voleurs de chair,
Les violons, les cyprès ! les cyprès voleurs de chair,
Avec des corbeaux au bec d'argent attendant un signal,
Sommeil,
                    les pièces de monnaie sanglotent, l'or pleut,
Sous une flaque d'ombres
                                        le clair d'une lune patiente,
Des lèvres, fleurs en haillons, lèchent des tombes,
Dans les caveaux, balcons sur le néant… les morts
S'observent… leurs squelettes mâchent une herbe jaune.

Les marchands de sommeil : une terre promise
Magie d'une chevelure tombant sur l'œil des borgnes,
La cruauté sous la soie des chiffres, une infortune !

Là-bas, l'Angoisse !... qui marche sur les dalles,
Sur les vomissements des morts dans leurs cercueils,
Le spectre de l'Angoisse !... son sang noir
Qui trace un cercle de seins sur une neige vierge.-
Au loin, sont-ce des chiens qui mangent leurs ombres ?

O monde ! Où aller ? Où sont les échafaudages, les balcons ?

UN CHAMP DE ROSES

Clameurs montant d'un ventre, chœur endolori,
Des crapauds, des crapauds, des crapauds !...
Les yeux en nappe, ils ont le Grand Œil en leur centre,
Une mélancolie de souterrain, avec de l'eau jusqu'au cou,
Ces nécromants s'habillent des sueurs de la mort.
A l'encan, tandis que sous sa paupière un marchand
De lunes met en cage des vers luisants, un œil à vendre !
Et si c'était le néant ?...
et si c'était le néant !...

Il vient un orchestre d'ivresses, un chœur de fables,
Abolitionnistes sous des oriflammes de boulevard,
ciel
Taché de charbons rouge noir, flottement d'un Rêve Blanc
Les mouches bûcheronnes y creusant des concessions.

Un champ de roses, le tambour des mouches, le pas de l'oie...

HUMILIATION

« Prêches par la fenêtre
Sortez de votre siècle de sagesse
droits à l'agressivité
Dehors, qu'on soit ensemble. » 1.

La Mort !... dans l'obscurité d'une salle d'attente,
Dans le ventre d'un crâne qui urine de l'œil –
Un rêve d'ombrelles !... de couvercles sur l'angoisse,
Dans le tréfonds, les herbes rouges ! les racines sans sommeil !
Elles viennent !... et on ne les entend pas !...

Le Malaise s'assoit mou devant un creux, le Malaise…
La fissure d'un marbre d'où s'échappe une chevelure…

Des moribonds mangent les vers dans leurs plaies.

Toi, qui descends dans tes plaies, quel est ton nom ?
L'Humiliation, l'Ambition tête d'or, une infortune.

1. Hölderlin.

LES CRABES

à Jean Chalon, écrivain.

Il fait nuit, les seins seraient des roses au balcon,
Oiseaux
à l'infini… une nuée d'alcools…
Ils voient les rayons noirs qui soulèvent la nuit,
Un orphelin, le Christ, trait le lait de la lune !
Des phares noient leurs arcs-en-ciel dans une mer,
Agonie, et glas, et vers, c'est le triomphe des cendres !
Il y a dans un silence un orphéon qui tète Mozart…

L'âme blessée de néant couvre d'angoisse son ombre.

Dans le grand noir, les crabes… qui vont à reculons
Dépècent le cerveau de plâtre du crâne d'un inconnu,
Et les grands chiens mélancoliques, lunatiques,
Depuis le rivage, sourient au crâne ! lequel sourit :
« C'est mon cimetière, dit-il, *mon cimetière marin,*
En bas, sont-ce des Ames qui relèvent leurs jupes ? »

En bas, sont-ce des Ames qui relèvent leurs jupes ?

LES OMBRES

Dans un tunnel… ces lèvres, des verrues dans l'œil,
Un visage sans nom : la Rumeur en habit de fumée…
du pas cadencé de l'homme petit,
Des lèvres pour l'amour, des lèvres sans amour,
Rêvant d'un arc-en-ciel jouant de la balancelle…
Et puis…
un corbillard, qui dévale dans une pente
Vers les détroits du noir, la muraille, la muraille !

La muraille… les Ombres du froid, les agenouillements,
L'aube aux pales d'argent, les éclairages d'enfance,
Des effarés, ventres pissant leur peur dans les urnes,
Des linceuls, où les squelettes se sentent si seuls,
Sous une voûte, les tambours de charge, les adieux…

Plus bas les escaliers, les escaliers, les escaliers,
O monde ! affaissements et enfoncements,
les grilles,
Les grilles qui se referment ! (Cries-tu, Narcisse ?)

MOI QUI SUIS LUNATIQUE

Le treizième chien blanc d'un nocturne arc-en-ciel,
Au loin d'une alcôve, la potence aux abois éternels,
Des crânes se penchent à la fenêtre d'un asile d'aliénés,
Une lèpre ronge les lèvres des Chants de la Solitude.

Sur une haute mer de visages… les blés, des danseurs,
Des argentements crachent des rêves qui ont des ailes,
Du remuement des reptiles, elles mouvementent le ciel,
Elles déplient des lueurs, fixent l'infini des lointains.

Une haute mer de stupeurs… submerge une falaise,
Docteur, les agonisants ! la défécation, un cheval noir
Et la lune ! urinant avec eux un suaire de lumière…
Les bâtisseurs regardent au miroir bouger leurs intestins.

Dans l'univers, une débâcle de dos blesse la lumière,
Et le Temps se désespère de l'Eternité !

GRAFFITI

On se ronge les ongles du quotidien, on se ronge…

PROSE POUR UN VISAGE

à Robert Sabatier,
au poète profondément humain.

Je fais de l'ombre avec mes poèmes…,
de ma bouche
Tombe la Dent Drôle. -

Au bord d'une falaise, un visage… la Ténèbre à la voile…
Là où peut-être l'aigle éprouve l'épouvante du vertige…

Les yeux tracent un point d'interrogation sur un nuage,
La mer, araignée bleue, rampe sous des brouillards,
Par vagues, les idées déferlent comme des épines…
Des gouttes de sang tombent lourdement des paupières.
Et les chenilles de la lumière grimpent au couchant.

Les mots d'aujourd'hui, flaques de sang sur la mer…

La Ténèbre regarde du haut de la voile, nous dévisage,
Le destin s'obscurcit, nous sommes cernés de couteaux.
Nous avons faim et soif de compagnons… Personne.
Nous appelons…
comme « *celui qui criait dans le désert.* »
Personne.
On se verse de l'huile bouillante sur le visage.

L'HYMNE

Terre huilée d'obscur, terre sous les herbes
Et les racines conquérantes, leurs bouches ouvertes
Sur un squelette dormant son Long Sommeil Noir,
O, l'Ombre d'un clown qui se redresse dans la nuit…
Du néant tombe une corde qui galope autour de son cou.

Les herbes, les racines ! âme et corps se masturbent.

Riez… imbéciles qui dévalerez au bas des cendres
Quand la chasse vous aura acculés au bord d'un trou,
Riez !... les grands chiens en rut vous monteront !
Riez, riez ! les grands chiens en rut viendront sur vous !
- Sur votre hébétement, 1 la sonnerie de l'hallali,
2 le corbillard de neige, 3 la grimace de marbre.

Ventre sur ventre, l'hymne noir sera votre abîme.

MYTHE D'UN SISYPHE

Ne s'éteignent les ténèbres, l'œil de la lune rêve,
Etincelle d'un lingot d'or..., un visage de beurre,
Et c'est une gorge humaine prise dans un béton, serrée,
Souriant jaune dans l'immobilité grelottante d'un caveau.
Néant sourd, néant muet, à l'algèbre de labyrinthe.
- O les écluses du vide d'en haut au rien d'en bas.

Siècle dont l'haleine sent la mort... et siècle prochain
Où le rien mental déjà se penche sur le vide mental...
En bas, la lumière voilée...le sanglot d'une horloge,
D'un Grand Puits Noir... montent des rumeurs d'Ombres
De crânes sans squelettes, de squelettes sans crânes,
Sont-ce les restes de pendus ?
                                        et montent des mouches,
Petites et vertes mouches, des mouches, des mouches !
- Vas-tu vomir, Sisyphe, vas-tu vomir tes intestins ?

- Je ne sais pas ce qui me parle dans mes poèmes.

SOLITUDE

à Jacques Eladan, Ecrivain.

Soleil, mélancolie d'un bouton d'or derrière l'horizon.
Au loin…, jusqu'aux flamboiements des confins,
Des oiseaux de proies percent, de leurs flèches,
Les rêves bleus…, la Cendre dévisage ses morts,
Rien plus ne change, ni le charbon doré par le feu, ni l'âme.
L'œil émiette l'ombre à terre d'un soleil déclinant.
Autour de la lune il y a des pansements qui rougeoient.
- O monde ! les grilles…
ouvrez portes et fenêtres !

La Nuit m'enferme dans la combustion de ses pneus.

Les mots sont des chiens qui vont en bande, aveugles.
La Mémoire est orpheline.
Et c'est montant les siècles
La Voix, telle un métronome, d'Abû al-Alâ al-Ma'arrî :
« Les évènements sont porteurs de longs couteaux
Qui saignent à blanc l'agneau des étoiles… »

CHATIMENT

Dans ce monde sens dessus dessous,
un arc-en-ciel
A genoux, vaincu…, à l'œil ravagé de mercure
Qui s'agrippe, aveugle, à la vitesse d'un obus…-
N'a-t-on pas, au cerveau, une épingle rougie au feu,
Un vol de prédateurs corbeaux à l'intérieur du cerveau ?

N'a-t-on pas, encore, la marée triomphante du temps,
Le sommeil des crânes sur un échafaudage de squelettes
Tels des revenants ! et trahisons de l'autre monde ?
N'a-t-on pas, enfin, au fin fond de la nuit si noire
- Comme un remords !... – la lampe de la Stupeur
Qui monte d'un dédale souterrain, à pas comptés…
Et lourds…, et rampants…, pour notre châtiment ?

O monde ! Où aller ? Où sont les échafaudages, les balcons ?
La nuit, son plomb noir ! ouvrez portes et fenêtres !

IRONIE

Magiciens, les yeux les plus noirs,
Plaies et cicatrices,
                                        et cendres
Au ciel,
                les éclipses de leurs feux,
A perte de vue, battent la campagne, -
Heurtent les falaises, et le ciel, -
Soulèvent les chevelures de la mer, -
Ecartèlent le désarroi d'un visage, -
Etincellent le ruissellement de l'être.

- Dis, par quels pylônes sublunaires
Descendront les Singes… les Singes !
Ricanant comme d'immarcescibles
Squelettes oscillants de pendus ?

- Dis, quel noir dessein nous accable ?

LA LAMPE

Dans le noir, une araignée, une araignée qui somnole.
Son ombre serrant des dents une Ombre luisant la nuit,
Un visage où s'éteint blanche une prunelle lunaire,
Où sonne une bouche du givre !...
et tinte le glas,
L'orchestre du néant – le clairon trouble du vent,
Peut-être est-ce un coq-rossignol, une rose au plafond.

Le singe rieur ! le singe jaune assis sur les cendres
De l'or ! l'or qui vole vers un paysage d'ossements,
- Obus dans l'œil vers les célestes lointains… -
O, ce fils d'une divinité, ce physicien des bourses,
Boutons de seins morts que baisent les crânes vides,
Quel beurre ! – quel beurre ils font sur du pain !

Sur des mots où s'abîme l'amour…la lampe, la lampe !

L'ORCHESTRE

(L'œil mental)

Parle Amour, donne entendre l'orchestre de tes mots,
Tu joues sombre berceuse au clavier de mes songes,
Tu portes mon chant de mélancolie vers son aurore,
Tes doigts tirent les cordes de notre arc-en-ciel
Et nos paroles vont au loin,
                                        inventées des couleurs
D'un sillage,
                         je viens où tu vas, tu viens où je vais,
Et nous vibrons… à la rumeur d'un langage futur,
L'œil mental, un périscope de l'âme, une contrée
Où vont murmurer nos échos enlacés… Viens Amour,
Parle Amour, donne entendre l'orchestre de tes mots.

SOLITUDE D'UN CLOWN

La tête lourde, avec des oiseaux au bout des ongles,
Sous l'arche d'infortune… le pauvre HELAM,
Le manège du temps tournant autour de son corps,
Son œil dans les vents forts… en haut d'un mât
Avec des draps noirs qui se creusent en gouffres,
Qui descendent dans un entonnoir, qui se débattent
Pour ne pas descendre !... – qui se débattent !...

« Descendront-ils sur lui, sur ses effondrements ?
Viendront-ils l'ensevelir sous un comblement de boue ?
Sous une coulée de béton, viendront-ils l'effacer ?
- Viendront-elles les colombes de la mémoire ?...

Il se voit,
visage siffleur se penchant d'un corbillard,
Blême, avec pioche et pelle, allant s'enterrer
Avec des draps noirs qui se creusent en gouffres… »

Dans ce monde, les hommes, au balcon sur la vie,
l'œil sur le soleil, les montagnes, la mer,
la parole se perd dans une solitude d'autres paroles,
elles disent le rien, et le vide, et le vent... -
lentement, les ténèbres déferont les visages...

mais nous, hommes non célestes à présent ? crève-cœur...

GRAFFITI

l'Oeil ne sait pas... à quel sein de lumière boire.

LE BORD D'UN PRECIPICE

Le bord d'un précipice, l'horizon taché de sommeils…
Là-bas, le géant rose a noyé ses rayons dans la nuit,
Là-bas, le masque au pied bot d'une lune…
Et puis la puissance d'un roseau de lumière.
L'Œil ne sait pas… à quel sein de lumière boire.

Mais nous, hommes non célestes à présent ? crève-cœur…

Parce que roseau, l'homme est-il « un roseau » pensé ?

Dans cette caverne… la lueur que lèche un aveugle
Etait-elle d'une chienne en chaleur son œil crevé ?
Dans cette autre caverne…
Le pied luisant, dansant autour d'un sombre clair de lune,
Etait-il d'une ballerine l'ébat de son ombre amoureuse ?

L'homme serait « un roseau » pensé, parce que roseau…

LA NUIT…

La nuit, le calme et l'angoisse, là-bas un glas tinte
Dans les souterrains du sommeil,
les morts musiciens,
Ils ont un profil de violons maigres…
Ils rampent
L'un vers l'autre, avec lenteurs, œil dans œil,
Les fourmis… elles tendent leurs chaînes aux chenilles,
La pluie de la nuit creuse sous terre des couveuses. –
Et vous n'entendez rien ! et vous n'entendez rien !

Au loin, dans une ornière, une étoile saigne du nez,
La lune, qu'un obus a blessée, rouge de pansements,
Et sur notre monde, déjà si petit,
ô tellement petit !
Un amoncellement de cavernes, leurs lèvres ouvertes :
Et c'est la mer… si obscurément bleue blanche,
Ses vagues… si lourdes de détresse, suppliantes,
Comme chevauchées de singes qui se pèlent les crânes,
La mer obsessionnelle, les spasmes de ses draps ouvrant
Leurs gueules de cavernes, leurs gueules de cavernes !

DIVAGATION

Chœur humain aux voix de zinc, et désordre mental…
Un monde délité s'endort dans des chambres d'argent.
Ouvrez une fenêtre,
faites entrer un rayon d'argent,
C'est la nuit ! avec ses jambes blondes de jeune mère,
Et c'est l'horreur des fourmis, leurs pinces violettes !
Au loin… je vois un ciel de Ténèbres Rampantes
Charriant des marécages noirs, des exhalaisons,
Des barques d'Ombres errent, longs cercueils flottants,
Peut-être contiennent-elles des Squelettes géants,
Grimaçants, qu'un affreux destin pousse aux galères.

Se sont-ils évadés des souterrains d'un cimetière
Où les taupes bêchent comme des forçats sans sommeil,
Où les vers sinuants sans relâche mordant se gavent
De chairs en putréfaction ?...
Ont-ils la nausée ?

Là-haut, au bord d'un précipice,
un sang à la voûte !
Est-ce un chien
qui se penche, guette, hurle à la mort
Parce qu'un autre chien, - un sosie ! – oscille au bout
D'une corde accrochée à la lune, sonnant un glas ?
Là-bas, profond dans les bâillements d'un entonnoir,
Serait-ce un squelette qui geindrait dans son cercueil ?

Ciel noir de pièces d'or, les gradins sont en flammes,
Leurs feux roulent au loin des buissons élastiques,
Des gouttes de lumières clignotent dans les ténèbres,
Le Clair de lune se tient debout au fond d'un verre…
HELAM, ton œil quand il boit, la nuit devient si noire,
Une voix non-céleste s'écoute dans un caillot d'eau,
Peut-être, un chœur d'ossements chante-t-il pour elle.

L'Inhumaine
                    sur le comptoir du temps,
La Mort, ses ailements dans un caveau,
Les colombes muettes de la mémoire,
Les pièces de monnaie sanglotent,
Et le ciel est « *lacqué* » de noir…
Les fenêtres du ciel, les fenêtres !
Ecoutez pleurer les pièces d'argent !

Là-haut, un oiseau de proies, joueur
D'Orgues, survole des cercueils,
Et dans les cimetières, les morts
Monologuent sourdement les regrets
Des choses anciennes,
                              - lointaines
Rumeurs, rumeurs telles des requiems…
- Mais pas le moindre regard !

SOUTERRAIN

Mais qu'a-t-il cet homme ?... son regard…
Semble fixé sur une réflexion obscure…
Il dit :
« Ce monde… il flotte devant nos yeux ! tel un abîme
S'ouvrant entre l'homme petit et l'homme majuscule. »

Ce monde… il flotte devant nos yeux ! qui suintent
Dans le noir, les golfes d'odeurs d'un marais,
Le nez des vers à l'assaut, le treizième chien blanc,
L'étouffement entre des murs, l'azur ! la sève bleue,
Le rêve d'une ombrelle ! d'un couvercle sur l'angoisse,
L'enfermement… - et puis, un escalier soûl descendant
Au fond d'un entonnoir…
- les mouches, nom de Dieu !
Les mouches, les mouches bûcheronnes !
Et dans un crâne
Où sèche un voile noir, l'œil sévère d'un corbeau…

- Qui est mon meurtrier ? – Eloignez-moi.

MELANCHOLIA

Sur l'étang aux noyés, plain-chant d'une lune mentale,
La nuit à la débâcle, le soleil, moignon d'un infirme,
Le hasard blanc : un œil au bas d'un fil à plomb
Qui regarde un autre œil au cœur de la terre,
Qui regarde, au cœur de la terre, un autre œil...
Les Visages, ils ont un balancement de Chiffons Noirs...
Mais voici leur vie, voici... la longue traîne d'or :
L'argent qu'un rideau met à l'ombre de la lumière,
Son impalpable cuisse remuant seule dans un cercueil
Parce que le reste du corps a été donné aux chiens.

Et les crapauds de partout qui couvrent les sommeils !

Et puis, les autres lunes, si tristes, si tristes
Qu'elles laissent couler leurs larmes dans l'infini,
Mais qu'on ne voit pas..., mais qu'on ne voit plus...

Annoncez-moi les lueurs d'un cataclysme de la planète,
L'inouï diluvien d'une averse de métaux du ciel…
La terre se cuivrant d'un songe de ténèbres…

Agonie ! et glas ! et vers ! c'est le triomphe des murs…
Je vous parle, ayant dans l'âme un peigne qui lisse
Le noir de punaise, un œil au bord d'un promontoire
Qui lit les écritures que nous composent les morts,
Les morts nous parlent le langage de leurs fleurs,
Et leurs bouteilles vides de vin se remplissent d'ombre.

La terre se fendra d'une enjambée au-dessus d'un gouffre.

LES BARBARES CHANTENT L'OBSCUR

Un chant cruel sourd de la vase d'argent,
Les barbares chantent l'obscur,
Ils chantent un marbre…
Les barbares éclairent leurs yeux d'allumettes cruelles,
De fleurs métaphysiques sauvages.

Au couchant, les longs sommeils sans rêves
Perdus dans la tuerie d'un temps aveugle
Quand l'homme ficelle son cœur…
- Et l'éternité, comme une mer qui descend…
- Un soleil violet
Galope avec le néant, cette nouvelle spiritualité !

J'entrevois l'embrasement futur de ce monde,
Le crime saint…
Les éclairs d'un amour saint de la richesse féroce.
Le glacial air du monde
Résonnera de cloches de plutonium, cloches de désharmonie,
Et le ciel deviendra un océan bitumeux, silencieux.

« Que reste-t-il d'un être humain
lorsqu'il laisse tout derrière lui
et qu'il n'emporte rien ? »

GRAFFITI

Montre l'inouï diluvien du temps ! en bas, les morts
Disputant à un masque de cire le lambeau d'un chien

LES CENDRES

La nuit, le calme et l'angoisse…
les cendres rouges !
Sous elles, des squelettes se regardent brûler sur un miroir,
Ils sont sinistres, comme la face de chat de la lune
Quand elle se penche au balcon, souriant énigmatiquement.

C'est l'heure où les statues s'ensommeillent, songeuses,
Croyant voir passer une infirme béquillant sur le vide,
L'heure où l'œil de la Mort plane sur d'autres yeux.
Il y a dans l'obscurité comme le mouvement d'un nœud :
Va disparaître, dans un trou d'écume, un coq-rossignol,
L'Ame pleure, ses cailloux de sang ricochent sur un bassin,
Les rares passants, pressés par le temps, ne voient rien !
Une nuit de cendres rouges,
Voici la corde, la cooorde !!!!

LE MALAISE

L'océan…, les corridors de cendres entre les vagues,
L'océan…, pupilles et paupières, feux dans la nuit,
Ronces d'or… faisant la roue aux crêtes des vagues,
Ou coqs-roses perçant de clous le silence d'un caveau,
Ou violons-cavernes écartelant le sommeil de l'âme.

Je suis la proie d'une chose, d'un univers sans regard.

Un escalier, la chute d'un corps, la neige sur un miroir,
J'entends le bruit d'un pied de chaise sous un carrelage,
Peut-être le remuement d'un cadavre en décomposition,
Le squelette tournerait-il en rond dans sa gangrène ?-
Le Malaise s'assoit mou devant un creux, le Malaise…

KAÏMOS

Sur la mer… un sommeil, le nénuphar de la lune,
Le soleil, les marins
agrippant son corps sous les vagues,
Les fanaux allant en bande, et puis
le cri des naufragés,
Les yeux vitrifiés de métal, la tête lestée de plomb.
Sous un ciel à l'envers, profond sommeil des ossements.
Ce soir, l'œil d'un squelette mâchonne le clair de lune,
Un troisième soir blanc, un revenant, comme un malaise
Sur un asile d'aliénés.

La Nuit creuse dans les égouts,
Montent trempés de sanglots les pas lourds d'inconnus,
La rumeur !... la rumeur d'une ville sans fenêtres…
Lèvres léchant des mouches sur la porcelaine des seins.
Là-haut, sous un ciel de ténèbres rampantes, la Rêverie
Erre de toits en toits, se penche au-dessus du vide :
Personne ne donne, personne ne donne la main à personne.

AU BORD D'UNE FOSSE

Nuit et filaments,
                                        Les plaies du ciel louchent,
Cœurs en fleurs, et soleils verts dans le noir absolu…
Un aveugle effleure de ses doigts un nénuphar imaginaire,
Sur ce crâne peut-être cherche-t-il un visage de mère…
Azur, barque noire, quel chagrin berce l'ombre de sa main ?
(Là-haut, l'araignée bachique, qu'ai-je à la regarder ?)

Des voix basses creusent sous le couvercle du silence,
Se déboîtent des os, des mains s'accrochent à des feux,
Les agonisants mâchent le temps, les vers attendent,
Quelqu'un a-t-il caché ses clous dans la cendre d'un œil ?
Ecartez vos métaux, dents de lait, tirez la moustiquaire,
Dans ce maelström, un monde de vraie douleur s'affaise.

(Qu'ai-je à la regarder l'araignée bachique, là-haut?)

Au plafond…des voiles noirs, un deuil de roses
Pendues à leurs racines…, ces seringues du ciel !
La mer, où est la mer ?... la cathédrale des songes,
Un terrain d'aviation pour les lèvres d'un aveugle…
Les rideaux souterrains, les grilles qui se referment !
Notre punition, la tête contre un mur,
un monde
De théâtre ! histrions suspendus à la cloche d'un glas,
Ombres sans rouge aux lèvres, ombres qui claudiquent.

Au mur, le Noir d'Encre essaime des miettes d'ombres.

Dans un égout, un boulevard que des ossements arpentent,
Un vent d'âmes qui ne pensent plus meule les consciences,
Des portails se débattent,
Par où sortir ? Il faut sortir, mais pour aller où ?
Il flotte devant nos yeux un abîme de plus en plus profond
S'ouvrant entre l'homme petit et l'homme majuscule,
- La paralysie au pied bot macère dans un tonneau.

LES DOUZE COUPS...

Minuit... les violons, les violons voleurs de chair,
Les violons, les violons ! les cyprès voleurs de chair,
Les cyprès… que les ténèbres entourent de pinces.
Un chien perdu dort près de l'Agonie à l'œil mi-clos.
La silhouette d'un squelette rentre dans son soulier.

Dans un crâne, qui fut un coffre-fort, les pièces d'or
Dorment d'un sommeil de plomb…

Descendez éboulements
Par un ciel aux seins blonds que mâchent les abeilles,
Descendez avec vos épingles, vos linges, vos insectes,
Vos ronces, et la rosée de soie enveloppant les étoiles…
Là-haut, une cloche s'allume d'argent, les papillons autour,
Un coq y est jaune, un coq, sa chevelure, le nuage d'or !

Le Temps marche sur des râles, un repas de cauchemar…

LES TENEBRES

La mer, la haute mer des étoiles, le buvard d'un nuage,
Le treizième chien blanc d'un nocturne arc-en-ciel,
Un ver luisant se mirant bizarrement sur les ténèbres,
Une lueur… sur un lait, une fleur sur un belvédère,
Et les abcès d'un sang,
- et s'abandonnent des seins,
Leurs yeux comme des ailes aux marches du futur.-
Un Squelette traîne-t-il avec l'Ennui pour compagnon ?

Peut-être pleins d'ancienne haine se querellent-ils.

Comme la houle sur la mer, les ténèbres se creusent…
Sous les rideaux souterrains les ténèbres se creusent…
Se feraient bohémiennes, se feraient bohémiennes !
O, faites-vous bohémiens, mais faites-vous bohémiens !
Ventre sur ventre, l'hymne noir sera votre abîme…
J'entends mâcher et rire vos Vers, les Salués saluent,
Le Noir d'Encre peint vos soupirs dans une caverne.

LES GRILLES

Le monde… qui est un ciel, ses insectes,- *l'hallali.*
Viennent les espaces blancs débordés de punaises,
Leurs voix vertes de bleus,- elles seraient l'Amour
Avec dans sa main la clé d'or d'un coffre à bijoux.
- Angoisse !... ma lune borgne, tu saignes du nez,
- Et ton œil d'aquarium, Sorcière, est ma stupeur.

Ouvrez une fenêtre, faites entrer un rayon d'argent…
Les faux ténors de ce monde…
- un clair d'étoiles,
Les abois éternels, un chœur d'ossements en écho,
Se ferment les trous d'éclairs qu'habitait la Mysticité.
O laisse la cyphose à son lit, redresse ton squelette !
Il rêvera avec un ver luisant sur le rebord d'une fenêtre,
O monde ! affaissements et enfoncements,
les grilles !

Demain, nous diluerons nos rêves dans le goudron du ciel…

MELANCOLIE DE L'AME

Spectres aux voix de zinc psalmodiant d'un tréfonds,
Par un soupirail, *la rumeur d'une ville sans fenêtres*
Sous des mouchoirs blancs qui lui font un plafond,
Visages, se suspendant aux lambeaux d'un nuage,
Leurs yeux plongeraient bien dans les canyons du ciel.

Un monde blanc s'endort dans une pièce d'argent…
Vertes colombes aux tulles blancs, soyez légères,
Ouvrez une fenêtre, faites entrer un rayon d'argent…

Et c'est l'horreur des fourmis, leurs pinces violettes !
Des pariades de fourmis ! en longs bataillons
Elles appareillent vers le cœur sibyllin de la terre
Au signal d'un coq noir, - *elles seraient l'Amour*
Avec dans sa main la clé d'or d'un coffre à bijoux,-
Au chant d'un coq noir, elles viennent !
elles grimpent
Sur des ossements,
elles s'assoient sur des ossements !
La rumeur !... la rumeur d'une ville sans fenêtres…

« ... l'existence anonyme des grandes villes,
cette détresse qui fait de quelques-uns des errants,
tombés hors d'eux-mêmes et hors du monde,
déjà morts d'une mort ignorante qui ne s'accomplit pas. » 1.

GRAFFITI

Je suis la proie d'une chose, d'un univers sans regard.

1. Maurice Blanchot.

Le regard sibyllin d'une Ombre..., un ciel mental,
Une muraille de l'angoisse,
- violon aux doigts d'argile
Avec des gants flûtés faisant des ronds dans le Rien...
De nos taches de sang, les lointains s'assombrissent ;
Une clarté pucelle passe devant nos fronts, le néant ;
Le Sourire s'est enfermé dans la coquille d'un œuf ;
Plane le spectre d'un mort, peut-être est-ce le Chien
D'un asile d'aliénés, qui broie du noir..., l'Ennui,
Qui se ronge les lèvres...
Quelqu'un parle avec l'Agonie.

Combien de temps nous reste-t-il du temps du néant ?

- En bas, c'est la terreur souterraine du tombeau,
Les râles sans espoir, c'est la trappe aspirante
(Ce piège à bascule dans l'entonnoir du vide !)
D'où monte une voix suppliante : « ne m'oubliez pas ! »

L'ETRE DE L'HOMME

Dans une caverne, un remuement, *le soleil mis aux fers,*
Un corps de plomb, ailes tombant en meules du plafond ;
Des visages s'éclairent de la rosée d'une lampe,
Une mêlée de masques, un carnaval de statues, les seins
S'érigeant en monuments, en mannequins de beurre,
Une débâcle mentale !...
l'hébété regard d'un animal
Penché sur la gueule d'un entonnoir
et c'est un tonneau
Qui roule dans l'entonnoir par un escalier sans fin
Ecorchant l'ombre de clous lumineux comme des étoiles,
C'est un œil qui dévale dans la pente interminable
Tandis que des doigts à un rebord coupant s'agrippent.

Au plus bas, l'angoisse, la sœur jumelle d'infortune
Qui lève les bras…- appellerait-elle à son secours ?

Et les corbeaux en haut, les corbeaux… quelle fumée !

LA FATIGUE HEUREUSE

… Vous qui rougissez des blessures d'une étoile…
Avec le gouvernail de sa flamme
dans un grand bain :
Le grand ciel d'un trou noir,
- un savon tombe des mains…
La chute d'un liquide dans un marécage de punaises,
Peut-être, en bas, est-ce une houle d'ombres, une mer…

On a construit aux étages des closeries de chambres,
C'est la fatigue heureuse, l'enveloppement des lampes,
Les nappes d'ombres stagnant derrière le tain d'un miroir,
Les longs sommeils…
Un bétail vert avance dans la nuit,
Les fourmis, leurs pinces violettes !... la Nuit mange…
C'est un carnaval de mort sous la lune d'un crâne,
Le pouls d'une rouille bleue dans les veines ;
Le cerveau se déboîte, et le savon glisse des mains…

Le cerveau se déboîte ! – ouvrez portes et fenêtres !

LA DECHIRURE

Quand le monde ne sera plus qu'un long chant de foire,
Un ciel de violons en pleurs accompagnant un râle,
Un corps de plomb, un corbeau de plafond à plafond,
Sous une voûte…
                                        le grand orgue mauve d'un nuage,
Les doigts d'une main ouvrant des plaies à l'âme,
Une main qui cherche, de l'oiseau blessé, l'autre main,
Un visage où s'éteint blanche une prunelle lunaire.

                                        Et puis, de l'aube, un sein…
La déchirure d'une lumière au plus profond de l'œil,
Une vitre à l'horizon que la crête d'un coq illumine !

Un grand soleil, qui a chuté dans un grand entonnoir,
Avec une clameur d'oiseau blessé…

LA BEAUTE NOIRE

Un ciel taché de pas de punaises, de corbeaux
Qui allongent une aile vers un fantôme de verre,
L'œil sibyllin d'un aveugle…, dont la main-miroir
Cherche sa verte étoile.
- La nuit, son plomb noir !
Là-bas, un nuage est en feu, une écumoire en vide le ciel
Pour donner à boire à des crânes secs sous leurs dalles.-
L'œil, douloureux chercheur d'or d'un savoir d'errement…

Dans une catacombe, l'Angoisse, son œil attend un train ;
Elle ne partira pas, - je vous dis qu'on ne partira pas –
Une main musicienne y trace le cercle d'une désharmonie,
Elle y remue l'ombre des volets souterrains d'un chœur :
« Dans ce monde, nous avons acquis le sourire du téléphone,
Un sourire de punaises en manœuvre,
La chute dite aux fleurs :
Du temps du néant, combien de temps nous reste-t-il ?
Les pans de murs d'un cimetière tombent dans un wagon,
Les oiseaux de proie repèrent les ossements centenaires. »

Quelque chose me dit que nos yeux ont perdu leur souplesse.

LE SILENCE…

Orgue, fatigue d'orgue… la voix du monde « du dormir »,
La voix d'une mer, de la douleur du labour des vagues,
Du jusant laissant blessée la mémoire sur les rochers,
Sous un ciel d'empreintes de plomb, de songes troués d'ombres.
Ce soir, le charbon du ciel a dissous
                                                            les étoiles,
Elles entourent de feutre la solitude, - on s'y meurt !

O, l'hymne du ciel… les voix de velours brunes !
Le doigt sur la tempe, tout vire
                                                    au rouge, au désarroi,
Au retournement de l'illusion, à la candeur de son fantôme…-
Et c'est un couloir ! il mène aux images d'un souterrain,
Là où la nuit devient blême, où la fleur est un coq,
Où les coqs ne seront jamais plus les girafes de l'aube,
Où un labour des vagues évide les globes des aveugles.

Des théories de seringues détellent des consciences….

Chœur endolori, que la baguette d'un chef fait saigner,
La mer…
l'infinie délurée, la cathédrale des songes,
Ceux naissant d'un tourbillon quand le malaise est dans l'homme ;
Le ciel se couvre, les étoiles et la lune sont orphelines,
Et les vieillards… regardant fixement l'horizon noir…
- Des homoncules courbent un ciel sans fleurs sur nous.

Moi, sous mon coude, ai-je un violon chu d'un échafaudage,
Une boîte de conserve qui n'aurait rien conservé d'une âme !
Sous terre, les morts, ont-ils la mémoire de leur vie ?
Leur plomb liquide, il ne saurait
descendre vers la mer…
Et c'est un mirage de moutons, de squelettes désarticulés,
Les vagues poussant les crânes blancs bêlant : la mer !
Ils ont perdu l'oreille du monde, ils sont dans un abîme,
Une solitude de cimetière.
Ils sonnent du cri des statues.

L'OUBLI

Dans les décombres d'un cercueil, l'œil d'une éponge
Qu'aucun regard du soleil jamais plus n'émerveillera,
Un corps de plomb, le silence mutilé d'un cancer endormi…
- Et puis, dans leurs miroirs…
                                                    les morts d'un cimetière,
Les blés peignant un ciel chargé d'aigreurs d'humidité.

Quand les insectes auront dévoré leurs ombres,
                                                                                flamme
Et flèche et oubli disperseront les sommeils de la mémoire,
Les voix basses des blés… un chœur en fragments,
Les coqs noirs agenouillés ressemblant aux coquelicots
Les lambeaux de chairs déchiquetées par les pièces d'argent,
Les ossements anciens autour d'un vieux disque d'or…

Les doigts traçant un rond d'hirondelles sur le vide…

Les morts… comment communiquer ? Ils ne parlent pas.

DOULEUR

Derrière une porte close, les oreilles d'un squelette,
Les chiens de la nuit grattent, creusent un tunnel…
Le coq-rossignol,
Il chante faux dans la vase d'argent !
La nuit descend
avec ses épingles, nos yeux se ferment,
Où aller?... où sont les échafaudages, les balcons ?
La page est blanche, on y jette une lampe dans un puits
Un corbeau s'y roulant dans l'eau avec un ver luisant.

Docteur, les chiens de proies écrivent des ordonnances,
O, l'hymne d'une Voix brune ! le chant de l'Angoisse
C'est la débâcle des organes d'une Ombre, le Sourire !
La déperdition d'un sang, le ciel ouvert comme un ventre ;
Quelqu'un emporte sur son dos, blessée, notre mappemonde
Effarée de la prééminence d'un matérialisme débridé,
- … la défaite tourne en rond dans ce monde…

Moi je suis venu au monde, excrément sur un pot de fleurs.
Mais mon pendule, qui l'écoutera ? Qui l'aimera vraiment ?

GRAFFITI

Dans l'univers, une débâcle de dos blesse la lumière

« Car c'est de l'homme qu'il s'agit
et dc son renouement.
Quelqu'un au monde n'élèvera-t-il la voix ?
Témoignage pour l'homme…
Que le Poète se fasse entendre
et qu'il dirige le jugement ! » 1

1. Saint John Perse

UN MONDE INNOCENT

Un long corridor, une porte,
- des ombres qui basculent
Sur un charnier d'ombres,
- un éboulement,
- les chiens –
Au sol, un millier de rayons morts, verres cassés,

Un monde d'aveugles manipule une sorcellerie de chiffons,
Alerte ! les encres noires, les mélancolies du ciel !

Et puis la nuit, pleuvant ses lueurs de plombs en fusion,
Lumières sanguines tombant en gouttelettes d'argent,
Quand l'homme vide son regard dans le vide d'un autre regard.
Alerte ! les encres du ciel, les mélancolies noires !

Dans un caveau…la fraiseuse d'une bulle de savon !
Le forage d'un crâne au plafond, l'apparition d'un œil !...
Au-dessous, un linceul recueillant l'humidité de l'œil,
Sous un lustre d'or un monde innocent, l'affaissement…

Derrière le dormant d'une porte, la Mort,
son aiguille !

La voix du monde « du dormir »,
la voix de l'Horloge,
Sa paupière s'ouvrant au passage des corps, se fermant…-
Un puits, les démangcaisons des vers creusant un trou,
Les oiseaux nocturnes…
- comment recevoir la lumière ?
Nous qui habitons un monde sans sentiment… les morts,
Ils nous observent, ils se souviennent de l'Humiliation,
Ils deviennent fumées dans le ciel, éclipsant les étoiles,
Leurs squelettes de plâtre bougeant dans le noir, un crâne
Dessinant sur la vitre du ciel une gueule de lait caillé.

Moi, sombre… je regarde dans un miroir fêlé la maladie :
Une verticale de dents émergeant d'un liquide souterrain,
Ossements flottants compagnons de terre molle et de pierres…

- Seigneur du néant,
ai-je dans l'oreille ton pied bot ?...

Mais qu'a-t-il cet homme ?... il reste pensif
Devant un miroir…, « les yeux fixés sur une flamme »
Dans les sillons de la lumière… rêves bleus immobiles
Enchevêtrés aux ronces, effleurant des oiseaux pétrifiés,
- Il est à peine temps d'éloigner les corbeaux…

Vers une catacombe, roulent des cendres, vertes de sueurs,
La mélancolie s'écoule en sanglot souterrain…
Les mains s'étincellent de la serrure d'une porte close,
La Clé d'Argent aux doigts, et les ténèbres s'allongent.

Dans un asile, l'on enferme un clair de lune d'ossement,
Un crâne, qui pleure quand il entonne son chant triste,
Un crâne, qui pleure quand il entonne son chant triste,
Et des coups de pieds le précipitent dans un trou noir…

MELANCOLIE D'UN CLOWN

(kéfi)

« Soleil, bouche d'argent,
manège et or combustible,
Et caillot de sang sur la crête d'une montagne…,
Bâille un volcan déversant une fourmilière d'insectes…-
O, de mon corps l'ombre sur un gradin, langue
Léchant la profondeur du néant, les caveaux humides…
Les rideaux souterrains… dissimulant des couloirs…
O, de mon âme l'ombre sur le rien et le vide,
sur un glas,
Ultime parole de celui dont les dents vont se taire. »

« Mon amour du noir, ma muraille en nappe,
les écoulements
Qui ont, émergeant en leur centre liquide, le Grand Œil !
Il voit passer une jambe dansante de bois…
Un crâne valseur se noyant au fond d'un tonneau !
Mon amour du noir, mon vin !...
Et cette éponge…
S'illuminant d'allégresse, éclairage naïf d'une enfance,
J'ai dans l'oreille un violon tenu par un squelette,
Un prince des rames sur l'eau d'un songe mélancolique… »

« L'azur, la barque d'or !... je l'ai vue, je l'ai vue ! »

Soleil ou abeille, flamme ou essaim
gueulant à la corbeille d'argent,
Les mots d'aujourd'hui, flaques de sang sur la mer,
Les vagues… - elles rappellent l'agitation du monde,
Les caillots d'eau… roulent les corps des noyés…
La nuit se lève, les ailements d'un phare
battent la mer,
Et c'est un roulis de crabes en désamour, désarticulés…

Sous l'arche d'infortune, un squelette ronge ses ongles.

Sous l'arche d'infortune, les gémissements d'un agonisant,
Ses yeux métalliques secoués d'un sombre alléluia…-
Là-bas, le clair de lune illusionne le néant d'une Flamme,
La Statue aux Dents d'Or titube sous le poids de l'or.

LA PAUVRETE

Cet homme, que ronge la meule des heures…, un destin nu
Evoquant une étoile imaginaire…, il a dans sa voix
Le rongement d'un ongle entre ses dents, la lune frêle
D'une simple lumière rouillée de cendres par lc ciel.
- La nuit, il parle avec sa main, un phare délabré…-
Guerroiement de la pauvreté pour un pain issu de l'ombre…

A la fenêtre, deux yeux… entourés de pansements,
Vitres sans soleil, troubles comme lunettes rouges ;-
Il voit une scène où l'on joue le sang des autres,
Un ciel jaune…
- et le Temps se désespère de l'Eternité !-

Avec, comme gouvernail, l'aile bancale d'un corbeau
Survolant le paysage angoissant d'un désert de pierres.

DANS L'ALCOVE D'UN SOUTERRAIN

Les ventres, les tambours, ceux que les mouches suivent…
Les mouches célestes, celles qui lèchent le lait des vitres,
Une valse de la lune les dédouble en fantômes ailés
Dans la lumière d'un éclair d'orage, en momies blêmes
En bas…
                    et le chœur des mâchoires est en remuement…
Chants d'un arc-en-ciel sous la soie d'outre-terre…
Chants d'un soleil qui a chuté dans son entonnoir…

O monde venant !
                              souffle courbe des crapauds sur des dalles…
Les violons de la mélancolie, les glaçons de la lumière,
Les momies blêmes se réfugient dans l'alcôve d'un souterrain :
C'est l'éternité d'un asile, du glas sur des sommeils lourds…-
Au-dehors, des chiens ont des parapluies sous leurs langues,
Des chiffons de nuit dans la voix,
                                        et notre sang sèche !

L'ECRITURE

Cette Voix..., plongeant dans le Grand Songe d'une mer...
- Abaissant une paupière jusqu'à l'abysse de la solitude,
Sous un ciel d'empreintes de plomb, de songes ailés,
L'œil s'éteint avec ses émotions comme meurt un astre,
Les nappes d'algues boivent son sommeil,
                                                            - est-elle morte ?
Et l'œil se vide dans le regard vide d'un autre œil.

Et presque plus personne n'entend le chant de l'infini...

On fait des pansements, on les défait, - on s'habitue...
On verse des ossements par pelletées sur une meule d'Ombres
Et elles nous entourent d'un louvoiement de Reptiles !
- C'est peut-être le monde meurtrier creusant des trous,
Ecoutant les démesures d'une musique rayant le sol, -
Les veines du cœur rétrécissent,
                                                - un goutte-à-goutte :
C'est l'entrée des vers luisants dans une cave d'angoisse,
Un néant illuminé, un aveugle miroir ! les larves en fleurs
Dans les alvéoles d'une éponge,
                                                - une nuit de révolte...

LA CHUTE...

(conte)

La Nuit m'enferme dans la combustion de ses pneus...
(il est temps de dire : le style n'est-il pas l'âme même ?)
La terre grouillant de sonorités aux gammes enfouies,
L'heure est pleurante !... une voix sur ses ailes
Soulevant d'outre-terre une colonne de crapauds ;
L'ombilic au ventre du front, cicatrice d'insecte,
Les yeux dans les étoiles, les hautes marées, le surf.

Il y a des dents qui mordent la mamelle de la lune...
La langue s'éclaire de ses nerfs, la Nausée mange...
- Et la nuit est si obscure que les crânes des morts
Se penchent à leurs balcons de mousses noires !...

Les Moelles, les Moelles ! dans leur carrosse d'os,
Suivies par les clameurs des lèvres des crapauds,
Et leurs voix s'allongent, en longs coups d'ailes...

- La Chute dite aux fleurs, *les fables, les guerres...*

Quelque chose me dit
que nos yeux ont perdu
leur souplesse.

GRAFFITI

- O, donne de l'âme à ton âme, ouvre la lumière !

Rêves

Le rêve est une seconde vie.
Je n'ai pu percer sans frémir ces portes d'ivoire
ou de corne qui nous séparent du monde invisible.
Les premiers instants du sommeil sont l'image de la mort ;
un engourdissement nébuleux saisit notre pensée,
et nous ne pouvons déterminer l'instant précis où le moi,
sous une autre forme, continue l'œuvre de l'existence.
C'est un souterrain vague qui s'éclaire peu à peu,
et où se dégagent de l'ombre et de la nuit
les pâles figures gravement immobiles...

Puis le tableau se forme, une clarté nouvelle[1]
illumine et fait jouer ces apparitions bizarres...

1. Extraits d'Aurélia.

UN REVE PREMONITOIRE

DE DIOGENE LE CYNIQUE

à Vital Heurtebize.

« Il me semble que l'homme ne peut pas vivre sans mystères. »
Le Feu d'Héraclite. Erwin Chargaff.

« Cerveau de l'enfant, comme un nuage poussé par le vent, riche de choses non apprises…, non achevées…, riche d'incomplétude d'un ailleurs, - étendue sans limite…, avec des yeux fixés sur l'infini du ciel, regardant l'immensité de l'univers (où l'on se perd en malaises existentiels), ne connaissant rien des calculs astronomiques ni des calculs de tous les jours. Le vide, c'est quoi? Et la vitesse de la lumière ? D'où venons-nous ? Pourquoi la vie, pourquoi la mort ? Dieu existe-t-il ? Et s'il n'existait pas ! Et pourquoi l'infini, les étoiles, les planètes où forcément il doit y avoir la vie…

L'enfant, dans son ailleurs indéterminé, est lac, océan, île déserte… il ne s'établit pas, il voyage… il dessine dans le lointain le disque de son imagination qui est œil, ou soleil dans la nuit, ou lune dans le jour.

Il est nouveau par la filiation de sa génétique, il est jeune à sept ans de plusieurs millions d'années, à dix-sept ans il aura cédé la place à l'homme accompli. Plus il avancera dans le temps plus il se constituera de rétrécissements jusqu'à l'ultime amenuisement de son cercueil.

- Il mourra des limites de l'horizon… »

REVE DANS UN CIMETIERE

Ce soleil, et les bleus d'un coup de sang à l'horizon,
Et puis la lune, meule dorée, son visage, pensive,
Sur une tombe, les fleurs qui chuchotent : le temps !
Des lèvres pour l'amour, des lèvres sans amour,
Oh ! les pieds lourds ! – l'amour eut-il des ailes ?
Les prophètes, les guérisseurs, leur triangle d'or,
Qu'ont-ils nos yeux à confondre nuages et flammes ?
Moi : le sol, profond de songes, ô confins de l'univers…

Sur l'autre versant du ciel, pour qui sonne le glas ?
A l'oreille d'un coquillage, j'entends une mer…
J'entends
          Comme un sanglot qui sourd d'une tombe :
« Lourd, long est le temps, sa prison est perpétuelle,
Le sol, profond de songes, ô confins de l'univers… »

Moi : lourd, long est le temps, ô confins de l'univers…

L'abîme… la profondeur !... Le docteur, le docteur !
D'un plafond, l'huile s'écoulant d'une longue Langue
Souriant au ciel incandescent, une Lumière d'extase,
L'euphonie d'un lycanthrope, d'un blanc Te Deum
Dans une chambre pleine d'ongles, l'œsophage béant
D'un sphinx… saisi d'un long spasme d'angoisse,
Son ventre, - ouvert comme une caverne du néant –
Le froid qui en a congelé la putréfaction,

un bas-fond

Où des chiens infirmes attendent un rêve de chair,
L'œil mauve d'une lune mythique au ciel d'une alcôve
Avec un mur d'enceinte, des cyprès, des caveaux
Où des voix d'âmes sont emportées sur des nuages noirs.
- *Et le Monde ? Et les songes de blanc ?* – Sommeil…
- Le temps… le temps !… un Œil cérébral fixe l'Eternité.

CE SOIR…

Ce soir, un fado d'alcôve hante l'Ennui dans mon âme,
La nuit se fait noire, le silence traîne en longueur…
Couvrant le silence, un chien nécrophage s'aboie,
Peut-être est-ce un mort qui rôde, ou bien une aile
De l'oiseau du malheur m'observant dans l'air froid,
Ou bien une porte qui grince poussée par un spectre
Au pied léger, ou bien un aveugle dont la canne dit
Qu'il se trompe, qu'il a confondu le jour et la nuit.

- Quel brasier dans l'âme illuminera la nuit d'étoiles ?

Ce soir, le charbon du ciel a dissous les étoiles,
Dans le lointain j'entends comme des clous qu'on enfonce,
La Mort y étreint des Râles ! – le temps… le temps !
Quand embarquerai-je, quand, sur un éclair d'orage ?

- Le temps… le temps !… un Œil cérébral fixe l'Eternité.

LE RIRE DU RIEN

A la tombée du soir, derrière une grille, un œil…
Les insectes !... déchiquetant une pièce d'argent…
Un œil, derrière une grille… - le Grand Œil !...
Un ventre où fourmillent les phosphores des vers…
Sous la paupière, quelqu'un, qui sonde les choses de l'autre côté,
Le salut à terre d'un Sans Poids, un roseau sans voix,
Courbe d'un baiser déshabillant une jambe de l'Or.

Un chœur… des lèvres comme des vagues de rouille,
Un giratoire d'ombres bleues valsant au fond d'un caveau,
Un profond puits noir !... l'épaisseur d'une angoisse
Sous les lambeaux d'un manteau lunaire, les mendiants !...
Arrachement de peaux, de doigts qui perdent leurs ongles.

Derrière une grille, le rire du Rien !

Voiles noirs
dans l'œil d'un cyclone, - envols,
Des mouches neigent dans mon sommeil, - fleurs…
Et j'ai, moi aussi, *la voix blanche des mourants,*
Au pendule, le balancement d'une tête de mort,
L'horreur des vers qui creusent dans un cadavre,
Les orgueils liquéfiés.
(Dans quel songe ai-je chu ?)

Et le vin verse l'obscur, un silence autour des paroles.

Il sonne un chant spirituel sous des ronces noires,
Il y a dans un trou d'éponge une voix de caverne :
« Qu'est-ce donc que la mort ? Si c'était le néant... »
Là-haut… le glas, danse du ventre de la Camarde,
Le glas ! docteur valseur qui n'êtes pas à la noce.
- La lune, ses cuisses ouvertes, ailes mouillées…

NUIT BLANCHE

Sommeil…- il neige une lingerie d'ailes,
un abîme,
Son œil !
les paupières s'alourdissent, s'abaissent,
Comment sortir de l'entonnoir où l'aveugle a glissé ?
Il neige ; le troupeau des silences descend un escalier ;
Sur une paroi, des colles, qui suintent, coulent ;
Où est le violon-caverne, sous quel accordéon des colles ?
Comment rompre le silence des morts ? Ils ne parlent pas.
Sous une voûte, dans le sombre, des crânes lunaires
Leurs squelettes debout, statufiés, tels des oiseaux.
Les coqs, le langage des fleurs… ils l'ont mutilé.
- Sont-ce des chœurs d'ossements qu'on entend ?

Des mains pèlent des fœtus, (vie chétive de l'âme)
Regards noyés sous une marée montante de goudrons.

Quelle flèche te perce du chant déchirant des profondeurs ?

L'ENTERREE

Le Grand Charbon Blanc éclaire une chambre d'infirme.

Elle sue l'effroi, empuantie dans un linceul moisi,
Pareille à une banquise chimérique à la dérive.
Eteinte est la caverne où son œil s'est réfugié.
Les vers puissants la secouent, elle claque des dents.
Elle sommeille sous la fixité d'une nuit assassine.
Elle a froid. Elle chasse le temps. Elle est affreuse.

Du chant déchirant des profondeurs quelle flèche la perce ?

Rêveur allongé, j'entends venir la chienne du silence.

REVE

Squelettes qu'exhume l'archéologue
vous m'effrayez !
Vos spectres défigurés viennent rôder dans mon rêve,
Je vous vois, ombres blanches debout dans la nuit,
Avançant, titubant, - tels des revenants ! - maigres
Et désarticulées ; les ténèbres ont évidé vos yeux ;
Comme les aveugles, vous tâtonnez dans l'invisible,
Vous cahotez sous d'imaginaires étoiles.

Je vous sens...
Pleins de mystères, lourds des secrets du tombeau.
Les chiens de la lune accompagnent vos solitudes.
Ruines, l'ancienne lune de miel vous éclaire-t-elle encore ?
- Dites, existe-t-il un Au-delà, avez-vous vu Dieu ?
Vous riez, peut-être revenez-vous d'un Pays de Cocagne.

L'ETERNITE

En rêve, loin sous terre, le grand orgue du silence,
Un labyrinthe… - Nulle voix humaine d'en haut.
Il y fait noir.
                    Où suis-je ?
                                        Des Squelettes rôdent,
Se déchirant aux murs saignant d'humidité glacée
Leurs Ombres boitent de l'œil, escaladent les parois,
Suspendent aux voûtes des ossements, des crânes,

L'Ennui, cauchemar d'alcôve, émaille les rêves à terre,
Les saints jouent l'Ancien Hasard avec un dé rouillé.

Un temps en fuite vers le mou, une solitude liquide.
Mais qui parle ?
                                        « J'ai mille ans. Et c'est l'éternité…
Là-haut, la vie existe-t-elle encore ? – personne ?
Quand embarquerai-je, quand, sur un éclair d'orage ? »

GRAFFITI

Je rêve et je suis vivant parce que je rêve encore.

REGARD MENTAL

au Docteur Patrick Boss.

Une nuit sibylline…, pleine de râles,
de chiens
Qui sanglotent en songe sur l'oreiller du sommeil,
L'Ombre d'un squelette cherche à terre un ver luisant,
Là-haut, l'œil d'un borgne, lune bleue, observe,
Quelle couverture gourde s'affaissera du ciel sur nous ?
- Une nuit qui n'en finit pas de me faire tourment.

Je frappe du pied le sol creux d'un cimetière mental,
Je sens, visqueux, glissants, rampants, des escargots
Poser un baiser humide sur un crâne gelé par la mort,
Je vois la langue sèche du mort figée hors les dents
En un dernier balbutiement, un dernier appel sans écho,
Et là-bas, au plus loin des lointains…, derrière
Les pauvres restes de ses cheveux,
le Temps, le Néant,
Ces mangeurs d'hommes… - leurs statues qui bâillent !
… Dans quel songe ai-je chu ?

- L'azur, la barque d'or !...

PSYCHOSE

Et puis la cendre sur la mer, une langue de fer-blanc…
Un œil au corps de singe monte au mât de misaine,
La Nuit s'entoure d'épines noires…, se regarde…-
Par un trou au plafond, le ruissellement d'un sable !
Meurent les anciennes fleurs qui s'agitent en éventail.

Au loin, au creux de la vague, l'âme allusive, en gésine,
Sur le violet de profondeur, les pas du Temps, le vide.

Il y a sous les étoiles un clair de lune d'ossements
Et la Voix d'un squelette… ses spasmes d'angoisse,
Lourdes ses paroles sombres, sombres comme la mer :
« La mer, nous l'avons couverte de la cendre de l'âme
dessinant une lune rouge pour un sculpteur de ténèbres,
et le ciel déplie les lueurs froides d'un linceul. »

Et le ciel est si noir que des corbeaux l'éclairent.

GREGOR

Ce Sphinx…, rongeant le silence dans un caveau,
Porte et fenêtre battantes ! sur les bleus d'une étoile,
Aux Longs Rêves qui voient un œil jaune pendu
Sous la voûte, - tel un clair de lune se balançant !

Ce Sphinx, que les heures accablent, et qui s'essuie
Le front… comme pour chasser les idées noires
Avec des gants de laine qui meulent l'arrondi du noir,
Qui m'observe ! comme s'il observait un squelette
Et d'autres pris de terreur s'enfuyant par un tunnel,
Courant les pieds au ciel sous de grandes voiles.

Courant les pieds au ciel sous de grandes voiles.

LA PYTHIE

« Etre ou ne pas être... » Enfin l'art...
à Camille Stempfel, écrivain.

Ils dorment,
mais en bas dans une poitrine, le glas.
Qui m'a enfermé seul dans un caveau avec un corbeau ?
Une clarté pucelle passe devant mon front, quel rêve !
Et sous la voûte où sèchent des doigts, les gencives
D'une chauve-souris agacent l'éponge de la nuit.

HELAM, laisse parler ton cœur, s'épancher ton chagrin.

Je fais de l'ombre avec mes poèmes…,
de ma bouche
Tombe la Dent Drôle, - quel con *le saint langage*,
Voyez, il y a un Sang dans l'infini de mon ciel :
J'erre dans les Sommeils Noirs… avec ce corbeau
Qui me fait de l'œil, ailes par le ciel enlevées.
C'est que peut-être, cette nuit, - étreinte macabre !
Mon Clair de lune valse avec un Râle…
Ils dorment.

TENEBRES

à Jean-Pierre Mauduy, écrivain

- La voix d'Hamlet… : « *Etre ou ne pas être...* »

Minuit, l'heure est rêveuse…, des toits du ciel
Les ténèbres ruissellent des flots de vin noir.
L'âme, chœur de neige à vau-l'eau, siècle à chiffres,
Et quand son œil… son œil d'aluminium grelotte…
De l'ancienne sagesse, la lanterne à la main, où ?
L'Œil ne sait pas... à quel sein de lumière boire,
Il divague… il voit les étoiles pondre des œufs,
La lune rouler sous un drap noir telle une bague d'or,
Et dans le vide infini, venus d'une autre planète,
Des vautours s'acharner sur un décombre de cadavres.

Les jette-t-on dans les bâillements du Grand Néant ?

- La voix d'Hamlet… : « *Etre ou ne pas être...* »

LA DANSE DE MORT

Alcool, et taches d'encre sur le Fleuve des Rougeurs,
Ombres humaines sur un miroir, les Solitudes voyagent,
La nuit brille des glaïeuls de la lune,
                                        - la nuit,
La lune, *« avec la calme horreur du sanglot qui meurt. »* 1.

Les oléandres rêvent rose une mémoire endolorie.

Et c'est le bal d'argent des boiteux, - ricanements !
C'est la danse de mort, le bal d'argent des boiteux
Au fond d'un puits, la Mort est assise sur une chaise,
La nuit diluvienne la chemise d'une froide sueur,
Un rayon manchot de la lune dissèque son squelette,
Et quand son œil…
                                Son œil d'aluminium grelotte…
Sous la paupière, son œil d'aluminium !... un pendule immobile,
Le salut à terre d'un Sans Poids, un roseau sans voix,
Courbe d'un baiser déshabillant une jambe de l'Or.

1. Desnos

REVERIE ETOILEE

Orgue, et tibias, et mouches, sous le toit d'un cercueil
Les remuements d'un vêtement, - les éponges rongent,
Fleurs que la nuit ouvre dans un cœur noir
Violon nocturne blessé, cordes accompagnant un râle.
D'un songe, une momie qui nous mangerait de baisers…
Et la mélancolie…, telle une huile sur un océan…

Le banquier… il ne pense pas aux angoisses des morts.

Là-haut, une barque d'encre vers les neiges de l'aube,
La bouche béante d'un moribond…, (une ornière !)
Que des crachats remplissent de mousse, en rêve : l'eau,
Un voilier à l'embarcadère, ombres de plomb à la voile,
Au loin, la corne dorée !
Derrière, comme un remords,
Laisse-t-il l'œuf de l'œil dans un nid de lumière ?

Et meurent les talents qui pommadent la langue !

LES OISEAUX

à Huguette.

Ces tibias aux formes frêles, grille de sorcellerie,
Un visage qu'ébrèchent les morsures d'aluminium
D'une nuit bleue couronnée d'un œil de saphir,
La lueur d'un pleur éclairant une joue de mélancolie,
D'un rire blanc..., comme un rossignol, un danseur.

(Les oiseaux, se perdraient-ils dans des ténèbres ?)

Comment meurt un homme ?
Sourires, comme deux ailes.
Au cercueil je te rejoindrai, caressant ton squelette,
Et tu seras mienne !... Et je te grifferai !...
Et tu dormiras pour l'éternité du sommeil d'amour !-
Mouchoir d'un pivotement, un vol d'œils..., météores.

ENFERMEMENT

Dans un caveau, sous le rêve d'un clair de lune,
Un chœur de crapauds… avec des yeux d'aluminium,
Et près la lampe d'un rêve au balcon, le Grand Œil
D'un crâne… derrière une porte close…

Des cendres approchent, elles allument leurs lueurs
Basculant dans un chant sommeillant de vers luisants,
Flammes… et flèche d'une flamme clouée sur le noir profond.
(on y meurt de hasard, foulard de fumées au front.)

Moi, je sens l'odeur de la crémation d'un corps,
- Et ma tête se love dans le ventre de la nuit,
Et c'est le manège d'une gencive gorgée de sang,
Une valse de ses dents, blanches bougies,
                                                    une valse
Sur les parois… de leurs Ombres creusantes, mordantes.

- Mais les vers qui enflent le cercueil, les vers…
Quel beurre ! – quel beurre ils font sur du pain !

L’âme…
dans le miroir
d’une autre âme :
conscience.

GRAFFITI

L’Homoncule, son œil de conserve, le Rêve s’agenouille.

Visions

Moi : il fait de plus en plus nuit,
le sommeil de l'être ment à la vie,
je vois ce qu'ON ne voit plus,
le visage obscur de Personne,
un plein Amour à la langue sans voix

c'est maintenant que doivent s'élever
tous les chants de l'œil amoureux.

LA LAMPE D'ANGOISSE

Nuit blanche, les étoiles portent-elles des lunettes ?
Nuit infirme, la lune, un fœtus à la jambe de bois.
J'écris sur une page d'ombre avec la cravate d'un pendu,
Le ciel est corbeau quand la Lampe d'angoisse l'éclaire,
La Lampe qui préserve d'un éboulement, d'un basculement.
- Et ton œil d'aquarium, Sorcière, est ma stupeur.

Un vol d'œils…, météores, visages
sans sourire !

Sur une mer étale, pas même l'image d'une lune spongieuse !
Des râles sonnent dans un caveau, y résonne le glas,
Il y flotte comme le costume noir d'un croque-mort.
(Expliquez-moi votre aube, l'algèbre de son voilier)

Venez œils sur la proie, la terre se déchire en casernes,
Des plafonds se disloquent, s'effondreront,
expliquez…

(J'ai dû venir au monde par erreur, - éloignez-moi.)

LE THRENE

(prose du fils de Personne)

Il disait : « Je suis le fils de Personne.
Je n'existe plus au sein de la multitude.
Je ne viens de nulle part ni d'ailleurs
Ni d'ici ni de partout. Je suis sans gouvernail
Par-dessus un abîme, piège profond. Profond
Je chute, pierre qui roule au trou de perdition. »

Les gens s'étaient attroupés, observaient
Le remuement de l'âme, le thrène sur les lèvres.
Il répétait : « Je suis le fils de Personne.
Mon âme est entourée d'un pansement rouge
Qui la brûle et la transforme en charbon.
Je la tue dans un instant. Vous comprenez ? »

Moi : quel œil en parachute…, quel lem
Descend dans cet abîme écartelé sous mes pas ?

LE RIEN MONOLOGUE

Le vide, les pas du Temps sur le violet de profondeur,
La pointe d'une canne blanche cherchant un ver luisant,
L'or ! – la Séduction se dénude, des reflets s'allument,
Dans une glace… les honnêtetés désuètes salonnent,
La mort en l'âme raye de noir le rêve.

- Je deviens nuit.
- J'ai froid. – Je ne sais plus regarder l'horizon.
- Mes yeux, mes pauvres yeux, sont gantés de métal.
- Je suis un néant de chiffres, un néant dans le néant.
- Je suis l'Infortune assise sur un décombre de chimères.
- Je suis le Rien.

Il flotte comme des pendus sur un abîme.

SOMMEIL

La fleur… ouvert son sexe, une neige au soleil
Ouvert son sexe, *la fleur…* qui neige au soleil,
Un violon qui pleure sous un éboulement d'Agonies,
Leurs ongles griffant les cordes d'une lumière...

Et puis, de la nuit à l'infini, l'envol d'ombres,
Et le galop des verres de la lumière d'un phare.

Quand les vagues sur l'océan déferlent avec des morts
D'où sortent des vers qui sonnent de la trompette
Chantez-vous, Bulles d'Air, irrespirables, telles…
Des crânes remontant d'outre-terre à travers la vase ?
Mais de quel charnier, de quel âge remontent-elles ?
Aux terrasses rêvent-elles aux anciens chiens de Babylone ?

- Et le Monde ? Et les songes de blanc ? – *Sommeil…*

L'ILE DE VUE

D'évidence, l'acropole, légère, un clavecin céleste,
Les oiseaux… qui de leurs ailes lessivent le ciel,
Sur le miroir, les brûlures de la lune, des étoiles,
Nappes aériennes d'haleines, seraient-ce les morts
Qui respireraient encore au fond d'un cimetière ?

En bas, un long corridor qui donne sur un gouffre,
Une horde dans le sens de la marche, des squelettes
Chus verts d'un gibet… couverts de ronces !...
- L'odeur des caveaux…, les adieux des mouches…
Un nuage d'adieux, violon-caverne sur son séant de cordes.
- Les marchands de sommeil : une terre promise
Magie d'une chevelure tombant sur l'œil d'un borgne,
La cruauté sous la soie des chiffres, une infortune !

- La soupe de cendres que mangeront les vieillards.

L'INFINI

à Huguette.

En regardant le ciel.

Les yeux jouent bleu dans les yeux,
Vers luisants voyageurs
Ils passent d'une mer à l'autre
Et les paupières battent les flots.

L'Aube appuie ses doigts
Aux balcons sur l'infini,
Un vol d'œils..., météores,
Et les paupières battent les flots.

TUNNEL

Quand l'Ombre étend son ventre noir dans le cerveau,
Quand son Squelette devient couleuvre, savon-beurre,
Seins,
        cierges qu'allume une lampe sous un plafond,
Clairons au grand galop qu'un chien courant essouffle.
Qu'ai-je à observer l'œil de lassitude, lune borgne ?
La mer sereine, on l'a dévoyée sous le lustre d'argent.

Nous clouons toujours la haine sur nos yeux frêles
Et c'est le bal d'argent des boiteux, - illuminations !
C'est la danse de mort : une mer soulevée d'alcôves,
Une houle d'alcôves arrivant du fond d'un âge révolu,
Le tombeau, et son œil !... *ce néant sonnant rouge.*
Notre âme ne monte pas à la verticale, mensonge !
Montre l'inouï diluvien du temps ! en bas, les morts
Disputant à un masque de cire le lambeau d'un chien.

Canne blanche aux confins d'un tunnel, - un aveugle !

VISION DE L'AVEUGLE

Ce cheval dans l'œil de l'aveugle,
lèvres et dents,
Violons dans le sang…,
le sang, une langue de mer
Qui lèche les creux des rochers, et des tombeaux
Où s'entre-tuent sous un champ de pommes de terre
Des crânes millénaires avec de grands couteaux.
O glissement des couteaux dans un silence de caoutchouc
Sur les océans de l'infini,
- semeurs de Mâchoires
Leurs Voiles aux larges, que suivent interminablement
Les hauts corbeaux noirs…, les grands corbeaux.

Alerte, alerte ! les ossements d'un linge sans amour,
L'homme courbé, un œil au songe obscur, l'homme courbé…
Et pas un seul regard !... *Et qui nous aime vraiment ?*

Tu pleures, pourquoi tu pleures ? Va ! le vin est tiré.

MIROIR ORPHELIN

Au fond d'un gouffre, un Clair de lune, un regard
Clos de noir !... un chœur de fantômes, des crânes
En pleurs, ayant brisé les dalles de leurs caveaux,
Et dans l'obscurité profonde, divisés en oiseaux,
Leurs yeux rouges, rêveurs *d'une légende nouvelle.-*
De l'ancienne Voie lactée, la lanterne à la main, où ?
O ces cordes roses pour pendus tombant de la voûte !

L'Ame, dans une valise, tache d'ombre par-dessus bord.

Et puis la nuit infinie, ses bancs de fumée, féerie
Autour d'un coffre-fort, un cortège de faux rossignols,
L'aboi des grands chiens, la lampe ! dans une catacombe,
La lampe chasseresse, un alignement de squelettes
Où des masques d'infirmes la suivent pas à pas !

- La Révolte sommeille sous un plafond trop blanc.

Oiseaux dans un gouffre...-
les Ombres liment leurs ombres,
les Révoltes s'agenouillent.

GRAFFITI

- Vers l'infini, les fenêtres !... les fenêtres du ciel.

La fleur… ouvert son sexe, une neige au soleil
Ouvert son sexe, *la fleur*… qui neige au soleil,
Un violon qui pleure sous un éboulement d'Agonies,
Leurs ongles griffant les cordes d'une lumière…

Et puis, de la nuit à l'infini, l'envol d'ombres,
Et le galop des verres de la lumière d'un phare.

- Ténèbres et ciseaux…, et labyrinthe, et échelle.
- Les naufragés. – Les sommeillants. – Les aveugles.
- Leurs yeux cendrés, chus, emportés dans un égout.
- Les enchères de la Terre en friche vendue à la Mort.
- La chasse, le gibier, qui font rougir la Honte.
- La clé d'un calvaire rouillée au bord d'un chemin
Et la Féerie Divine qui s'est enfuie par les ronces,
Qui s'est pendue par les pieds, - nom de Dieu !-
A son nuage ! qui s'y est pendue par les pieds…

INTRADOS

Sous un ciel « *lacqué* » de noir…
Quand pleurent les battants de la lune,
S'éteignant bleues, les Cendres,
Danseuses sur le balcon d'abîme,
Se sont lovées au centre de la nuit.
Je les ai regardées comme un amant,
Comme un aveugle,
                    affreusement
Perdu, perdu dans l'immensité.
Je les ai prises dans mes yeux,
Telle la mer ses phares, ses navires.

Sous un ciel « *lacqué* » de noir…
Plaies et cicatrices, et Cendres,
D'une âme bleuie de plusieurs bleus.
- Mais pas le moindre regard !

MALAISE

Quand l'ombre efface un œil avec l'éponge du néant…
Quand le ciel, sans amour, s'épaissit de voiles noirs,
La nuit, un roulement de tambours jaune or d'étoiles,
Le clairon de la lune, l'infini carillon des heures,
Un défilé d'Ombres à perte de vue dans la Voie lactée,
Et dans l'âme en déréliction le caillot d'un sang.

Sur la mer opale, un miroir opaque, un miroir orphelin,
La nuit, telle un Entonnoir au Regard Noir ! la nuit !
Sur sa vitre, une araignée funambule entre les étoiles
Avec de tous côtés des squelettes de pendus basculant
Dans le vide sur l'aboi des chiens.
Qui est mon meurtrier ?
(J'ai dû venir au monde par erreur, - éloignez-moi.)

à Michel Jourdan, écrivain.

La nuit, telle un Entonnoir au Regard Noir ! la nuit !
Je vois… monter de la cave d'or,
ivres
D'or !... les prunelles furieuses d'un visage glacé,
- une marche funèbre aux lèvres.
Et la Lumière se fige à l'entrée d'un sillage de couleurs.

Viendront les caïmans vainqueurs mordre les hommes
qui ne rêvent plus…

Eclaire ton limbe. Lumière, fer-blanc secret d'une Infirme…
Comme si son signe blanchissait de plomb ses cendres…
Comme si, par-dessus une tombe, un cyprès chauve
Décomptait du temps les minutes tombées du ciel. –
Dans un limbe de la Lumière, une vitre en soie, une fenêtre,
Les ombres du Rien à terre, les visages, les visages !
Dans un limbe de la Lumière,
le visage obscur de Personne !

ANGOISSE DE NARCISSE

L'eau… la tête d'un mort, un poulpe atroce…
A la lèvre qui rit, à l'œil qu'entourent d'écume
Les ossements qu'un fossoyeur déterre,…
- la nausée
Que creusent les vers au fond de cette bouche !…

Moi, je vois la meule du vent fleurissant un cimetière,
Une rose, qui pisse un sang, mais c'est, regarde donc !
L'œil dément d'Ophélie, rose aux cernes de stupeur,
Corbeau jailli d'outre-tombe, immobile sur le cimetière
Où se soulèvent des dalles poussées par des cadavres,
Sont-ce des morts qui se débattent dans leurs cercueils,
Appellent-ils Dieu ?
sur vos miroirs, dansez cadavres,
Dansez une valse avec vos ossements, sous l'arc-en-ciel
D'un accordéon d'ombres, rougies sur ces brasiers.

- Les morts… se débattent-ils dans leurs cercueils ?
- Appellent-ils Dieu ?... - Appellent-ils Dieu ?...

Lumières…, et les halos autour des regards…
Sur un trottoir, les galops d'ossements, de tambours,
L'œil suit les mouches dans un sillage d'haleines,
Aux paupières, elles allument un incendie de fumées,
Les mots d'un blues derrière des barreaux
                                                            - l'homme
S'endort,
            d'une vie absente au pied d'un saule…

La mer s'agite d'un métal rouge, une mer entremêlée
De bras et de jambes, l'Ennui sommeille
                                                            dans le rêve
De l'enfoncement de son corps dans le creux d'un rond,
De ronces d'or qu'on jette à la flamme, les mendiants
Leurs lèvres bleues, leurs cœurs de neige, des nus
Haillons rongés d'amour, dans une boue mensongère,
Une tragédie-balai de la pièce de théâtre du monde,
Une pluie de cordes roses sur le tain d'un miroir !...
Un amour sans galbe !... un sein que tète un cadavre.

VISION

Ce ciel… la bouche d'un puits, un clair-obscur lunaire,
Derrière la robe enveloppante du ciel, - Quelqu'un…
Qui sonde les choses de l'autre côté…
Les voiles noirs de la nuit comme des papillons flottent
Allant dansant sur un Rouge Charbon.
Oiseau sans nid,
L'Ame voltige dans son sang, se déchire comme sanglote
L'archet d'un violon.

C'est l'heure blanche, l'heure
Où je n'en finis pas de cligner vers les étangs du ciel,
Là-haut… les lueurs d'un poignard, les jets d'un sang
C'est peut-être Van Gogh du fond du cimetière qui peint
Des rayons et des ombres, ou bien le spectre de Merlin,
Ou une araignée glauque qui se bat à mort avec un ange.
Dans l'univers, une débâcle de dos blesse la lumière.

- Vers l'infini, les fenêtres !... les fenêtres du ciel.

CATACOMBE MENTALE

Blancheurs creusant un souterrain… - les racines !
Mortelles !... – Nulle voix humaine d'en haut – En bas…
Un convoi d'éponges avance vers la poche sonore des agenouillements,
Les dos portent leur faiblesse, - la force des autres –
Un troupeau de Cyphoses saluant à branches basses.

Dans la caverne d'un crâne, une poutre dans l'œil,
Le rond d'une ombre, le froid du feu d'un fagot,
Un Squelette monte l'escalier d'une année-lumière
Et le ciel est si noir que des corbeaux l'éclairent.
Mais le Monde ? Et où mettre en bière le désamour ?

Des crânes tombent dans des assiettes. – *Vous fuyez !*

- Sont-ce des chœurs d'ossements qu'on entend ?

QUAND LA CATACOMBE…

Blancheurs creusant un souterrain… blancheurs
La nuit… leurs masques sur une mer mentale…
Des déferlants… mêlés aux crêtes des vagues
Qui viennent par une fosse d'anciennes prophéties,
C'est la banquise, le cloche-bois des longs tibias,
Un remuement de grilles… sous une vitre liquide,
Les vagues mouvementant le râle d'un caillot d'eau.

Un œil qu'entoure l'alliance d'un nocturne arc-en-ciel,
Une ligne à haute tension…,
le bas d'un précipice,
Sur les fronts aliénés pleut une nuit de fumées rouges.

Et le ciel est si noir que des corbeaux l'éclairent.

« L'être humain n'est plus qu'un reliquat de l'histoire,
dont très bientôt les capacités, insuffisantes…
seront remplacées par des automates
qui penseront impeccablement. » 1

GRAFFITI

Les moutons cultivent sur un miroir l'image du berger.

1. Kafka.

PAYSAGE MENTAL

à Alain Nouvel, écrivain.

Ni jour ni nuit, un ciel d'orage…
- le glas !
A l'horizon… l'œil sibyllin d'un astre…tel
Un fruit, soulève sur la mer ses cheveux verts,
Des nuages roses noirs roulent d'une cime aux brisants.
- Quelque part, dans un coin d'hôpital, grelottants,
Des agonisants éructent, crachent un ultime râle.

Les moutons cultivent sur un miroir l'image du berger.

Dans le clair-obscur, le mauvais œil, la flamme sombre
Flottant en haut d'un mât, le corbeau qui médite,
Qui regarde au loin, rêveur, une charogne emportée
Dans un gouffre par les vers !... et qui me regarde
Moi ! dont l'œil ne se détourne pas de cette horreur,
Je la vois avec des herbes qui gémissent dans sa bouche,
Des insectes qui se font les dents sur ses yeux…

Sur la mer, les insectes !
- un Squelette galope, galope…
Et le ciel devient si noir que des corbeaux l'éclairent…

CES CORDES...

Ces cordes... qu'un balayeur pousse par-dessus bord
Sur une mer de ténèbres bleues, vitrifiée de noir,
Ces cordes, le violon d'une ombre, le miroir d'un vide
Sous les paupières,
comme une naissance en l'enfance,
La falaise ne sait plus baigner son ombre dans la mer,
Un monde d'aveugles manipule une sorcellerie de chiffons.

« Dans la nuit sur un feu de sarments *un écho du néant,*
Science sans conscience...amaurose des yeux sous terre,
Quel repas d'ossements pour des taupes sans chaleur ! »
Ce sont les perles creuses d'un Aveugle qui me parlent,
Elles prolifèrent dans la constellation des cancers...
Un éclair d'orage coupe l'amarrage d'un cercueil :
C'est la nuit de noces d'un Squelette avec son Ombre !
Lèvres léchant des mouches sur la porcelaine des seins.

- A minuit, le pendule de l'âme sonnera treize coups...

DANS L'OPAQUE

Hommes Mi-Nécromants… se cuivrant du songe d'or…

Lorsque je vous vois… hommes durcis par les taux d'intérêts,
Il me vient une mélancolie de mots… :
Vous abaissez vos paupières, semblant rêver
A votre mer houleuse – bruit redoutable des vagues
Qui se referment sur ceux d'entre vous qui tombent dans cette mer,
- Redoutable !...
Et vous sommeillez… dans le naufrage de vos globes d'aveugles…
- Avec les mouches d'une débâcle mentale ! …

Dans l'opaque, sous un orage… des éclairs d'hommes,
Les Noces d'or des masques d'hommes entre eux…
Il monte d'une fosse… une célébration de piaulements,
Un vol de corbeaux calculeux – les pièces de monnaie sanglotent…-
Soleil… j'entourerais Sa Main d'un gant de chaleur
A la terrasse du vide jouant du violon de déchéance,

Et le ciel est si noir que des corbeaux l'éclairent,
Ce monde est barbare.
A quoi rêve-t-on quand on meurt ?

L'ILE DE VUE…

Le bord d'une falaise…
en bas, une lune au col noir
Et la mer, soulevée d'alcôves, sous un ciel de papier,
La plainte d'un échafaudage quand le vent vient d'en haut,
Les cordes d'une féerie tombant en meules !
la poutre !
Qu'un squelette las soutient avec des gestes d'oiseau…

Les hommes-machines… - au-dessus, énorme…
La colonne d'ombre d'un matérialisme débridé…-
Ils ouvrent des bouches d'œils arrondis de stupeur :
L'horizon se couvre d'un drap, la Maladie en dessous,
Une mer de misères la disperse par-dessus une digue,
Des corps retombent en croix
sur des figements brisés.
Alerte ! les hommes deviennent machines, lubrificateurs d'or…
Les Visages,
ils ont un balancement de Chiffons Noirs,
Seraient-ce leurs Spectres avec les doigts dans la vase,
Chercheurs d'or… qui feraient tourner la planète ?

A MAREE BASSE

Un ciel
        roui de cavernes, un ciel qui pèse sur les toits…
Les dorures !... les glaçons d'or que boivent les yeux…
Ce soir, le couteau du phosphore dessine une Ombre :
L'Ame, dans une valise, tache d'ombre par-dessus bord…
- Un œil métallique observe des tessons d'ossements,
Si c'étaient des squelettes… aux élans conjugaux,
Evadés d'un caveau oublié sous le bitume d'une route !
- La nuit, les dorures !... un éclair, un forgeron
De crânes sur des béquilles ! si c'étaient des fantômes…

Dans l'œil d'un cyclone, voiles noirs, - envols,
Dans mon sommeil, des mouches neigent, - fleurs…
Au pendule, le balancement d'une tête de mort,
L'horreur des vers qui creusent dans un cadavre,
Liquéfiés, les orgueils,
        - à marée basse, les dos.

LE DESAMOUR

Dans l'entonnoir de ce Monde, le malaise d'un œil
Qui regarderait au plafond l'éventail d'une araignée,
Oh ! l'anneau des cordes, les corps enlacés, - les Ames,
Fleurs humides, si gorgées de la rosée des Ombres,
Ah ! montrez-vous, Danseuses sur le balcon d'abîme !

Un accablement de pleurs, les morts ont un pleur drôle,
Ils nous observent, nous sentons leur floculante odeur,
C'est la défaite, la marée montante des vers !...
Leurs baisers !... La Nuit se regarde dans son miroir,
Et puis
        « Sur le ciel noir, des serpents de feu jaunes. » 1.

- L'Ennui !... et c'est le bâillement d'un ver luisant,
La lassitude d'un clair de lune se noyant sur un étang,
C'est un glas, un saule de sanglots suspendus sur le temps…
Un oiseau-stupeur…, une fatigue des branches basses.

Mais le Monde ? Et où mettre en bière le désamour ?

1. Lorca

LA MORT DANS L'AME

La mort dans l'âme, je vois un vaisseau, le Grand Œil
Sur un océan d'or ! la houle d'un drap s'étalant sur le monde, la démence,
Elle avance… comme portée sur les pattes d'un crabe…
Au loin, suspendue au ciel… la langue d'un chien !
Et de sa voix le râle en écho de planète à planète :
« A la mort nous allons…, nous allons à la mort. »

A l'horizon,
un balcon de désharmonies des sons du vide…
Les tambours voilés d'exils…
grains de sable d'un univers…-
En bas, une fosse (le tombeau, ce néant sonnant rouge !)
L'alerte ! l'alerte d'une racine entourant un visage !
Sous les éclats de rire
d'une Ombre aux dents jaunes :
O matière, tes esclaves se mouchent dans ton linceul.

LA NUIT SE COUVRE DE BLEUS

La mélancolie, un oiseau noir !... devant un front pensif
Fleurant
la mémoire, gorgonc à la pupille mutilée,
La sorcellerie trouble de son œil… un métal…
Et des dalles se soulèvent, soulevant celles du ciel…
La nuit se couvre de bleus, translucide, sans étoiles,
Au loin la minijupe d'un nuage disperse les étincelles
Du mauvais temps…
l'âme est allusive… en gésine
Sur le monde des pauvres tel un brouillard d'agonies,
- Leurs lueurs seront-elles un jardin dans lc noir absolu ?

- A l'horizon, la mélancolie ouvre un magasin d'ombres…
- Moi, je vois l'éponge du néant effacer un arc-en-ciel,
J'entends chanter les morts musiciens :
« Science sans conscience ».

Et des dalles se soulèvent, soulevant celles du ciel…

LE VIDE

Le monde… qui est un ciel, ses insectes, - l’hallali…
Les ténèbres, un brouillard
d’étoiles jaune charbon
Fronts humains courbés, colonnes vertébrales molles.
Une houle qui se déhanche, les renversements d’écumes,
Se noient les hommes petits bordés de punaises,
Leurs voix vertes de bleus, dans une cave d’angoisse…
- Les abois éternels…
- Sous des paupières abaissées
Luisent de pâles apnéemones… une fatigue des lampes…

L’herbe paît l’œil d’un mort,
Squelette, comme tu trembles ! ô comme tu t’oxydes,
La jambe immobile de ton Ombre, ô comme on l’entend !
La cicatrice de ton genou, sous quelle mer du vide ?
La dame-jeanne ne fut-elle pas ta reine en l’enfance ?
Sa rumeur… elle disait l’adieu à tes larmes en fleurs,
Sa rumeur… elle disait l’adieu à tes larmes en fleurs,
Elle disait l’adieu…
Redresse ton squelette, patiente !
Ton œil de mercure s’oxygène, - patiente, patiente !

GRAFFITI

Je sens… derrière les agenouillements au pied
de l'église de la Science
L'odeur mécanisée de la pensée machine, je vois…
annonciateurs de malheurs
Les viols du noyau de l'atome, du noyau de la cellule.

Apparais, cancer sur un mur, méduse en mouvement
Vers les colonnes de nos ombres… - Penche-toi Mal-être :
Que vois-tu dans le grand froid de la pensée machine ?:
Derrière une grille, le rire du Rien !
- l'obscurité
Eclairée par le Savoir…
devient-elle de la Lumière ?...

CITATION

Sans cette conscience physique de l’anéantissement
Qui seule, ouvre à celle de l’infini,
Il n’y a pas de poésie,
Il n’y a que de la littérature.

Annie Le Brun.

AU LECTEUR

- Ténèbres et ciseaux…, et labyrinthe, et échelle,
Les nuages, ces robes d'un ciel de pierres, sans foi ni loi,
La cloche de l'exil de l'être de l'homme, un glas…

Une Acrobate tient dans sa main une corde du temps :
C'est l'Angoisse ! avec son œil borgne… qui luit !
Son chant, d'une âme méditative, sanglot-oiseau blessé,
Le cri bizarre d'un Clou… qu'une ombre multiplie,
Peut-être est-ce un coq-rossignol…

Une rose au sous-sol…
On a mis le soleil aux fers, il est rouge de honte,
Fronts humains courbés, le monde se creuse des trous,
Ces doubles sombres de notre œil intérieur, lecteur,
De faux danseurs en déséquilibre au bord d'une falaise,
L'air fuyant aux horizons blancs, l'immensité, l'infini.

Mais nous, hommes non-célestes à présent ? Crève-cœur…

TESTAMENT AU MIROIR

« Qui doit un jour annoncer beaucoup
Tait beaucoup à l'intérieur de soi
Qui doit un jour allumer l'éclair
Il lui faut longtemps – être nuage. » 1

Sous un linge, une lumière… un œil de misaine, un rayon
En bas
dans les plis d'une caverne gardienne des rêves
Quand le monde ne sera plus qu'un long chant de foire,
Un ciel de violons en pleurs accompagnant un râle,
Sous les virevoltes d'un oiseau, la fête drôle !
Les pierres et les ossements enlacés, leurs valses
Au miroir, leurs valses autour d'une lampe s'éteignant.

Les Masques Noirs, fervemment dispersant les clairières
D'un invisible horizon deviné, les Masques Noirs !
Leurs Silhouettes au bord d'un océan, en haillons,
la fête
Des rochers ! cercueils illuminés d'un coucher de soleil
Quand le monde ne sera plus qu'un long chant de foire,
Que des langues de mercure, des oreilles de zinc…
O monde ! affaissements et enfoncements, les grilles.
- O les écluses du vide d'en haut au rien d'en bas.

O Nuit ! qui descend, telle un oiseau noir, un spectre !

1. Nietzsche. Cité par Philippe Sollers, « Illuminations ».

L'ADIEU OU L'ESPOIR ?...

Un mauvais œil regarde le monde…
Le progrès est son vertige, le bonheur son mirage, l'amour de l'argent sa misère mentale. L'homme s'est éloigné de la nature et du naturel. Il a dévoilé le secret de la glaciation de la terre.

S'il faut parler par images, quand l'homme s'ensommeille… rêvant – loin d'un ciel au-dessus d'une mer – dans le salon d'or des désirs matériels…, n'écoute-t-il pas les vers luisants comme s'ils étaient sonnailles de l'or à ses oreilles ?
Sous quel drap mortuaire se réchauffe-t-il ?
Dans quel sens orienter les corbeaux ?
- Que faire pour sortir ? – Sortira-t-il ?

Une voix méphitique, prémonitoire, orchestre un carnaval nauséeux autour de la vie. – Prenez garde !... renvoyez-moi si je dis : j'annonce la nuit… jamais une telle nuit ne se sera abattue sur le monde, - la tragédie de l'âme, fonction fine du cerveau, - la tragédie de la conscience, - de l'être de l'homme… les yeux du cerveau à demi ouverts, douteurs de la sensibilité de l'univers. Renvoyez-moi !... si je dis : j'annonce les éclairs nucléaires, les cendres sur les continents, sur les mers, dans l'atmosphère…
Vous riez ?... ne riez pas…

Le dos au soleil, l'homme voit son ombre s'allonger sur le sol, - et son ombre est une chaîne de fer…

L'ADIEU OU L'ESPOIR ?...

Il y a peu, sous un ciel
tantôt clair, tantôt sombre,
j'étais assis, attendant… Une musique
vint sur quelques gouttes de lumière
que la nuit aussitôt emportait,
quelques gouttes… barque et rameur d'ahan
parcourant le miroir troublé de ce monde, cherchant
le lieu d'une aube enfouie dans le sommeil.
…Mon âme, brûlant du désir de félicité,
gagnait le grand large de l'océan du vivant,
avide d'un invisible horizon deviné,
se composait tout bas un fragment de futur
tantôt clair, tantôt sombre, - un chant…

…Quelqu'un l'a-t-il entendu ?...

ONIRIQUES DU MAL-ETRE

REVES

VISIONS

CITATION

COLLECTION LA NOUVELLE PLEIADE

Cet ouvrage a été composé et réalisé
à Perpignan par **Couleurs et Communication**

Diffusé par **L'ETRAVE**
Chemin des Fontanilles – 11510 FITOU
Et par l'Espace Culturel
Société des poètes français
16 rue Monsieur le Prince 75006 PARIS

Dépôt légal : 1er trimestre 2007